El Hassane Paul Hassana Sidibe

TRH TEST/Marc. Henri. Christian. SANKALE/SCIENTISTE precurseur a Dakar

El Hassane Paul Hassana Sidibe

TRH TEST/Marc. Henri. Christian. SANKALE/SCIENTISTE precurseur a Dakar

Obésité orpheline du a un déficit du turn over de la desiodase embryonnaire

Éditions Croix du Salut

Imprint
Any brand names and product names mentioned in this book are subject to trademark, brand or patent protection and are trademarks or registered trademarks of their respective holders. The use of brand names, product names, common names, trade names, product descriptions etc. even without a particular marking in this work is in no way to be construed to mean that such names may be regarded as unrestricted in respect of trademark and brand protection legislation and could thus be used by anyone.

Cover image: www.ingimage.com

Publisher:
Éditions Croix du Salut
is a trademark of
International Book Market Service Ltd., member of OmniScriptum Publishing Group
17 Meldrum Street, Beau Bassin 71504, Mauritius

Printed at: see last page
ISBN: 978-613-7-36848-0

AIMER SAVOIR COMPRENDRE RESPECTER
La Lettre électronique
de l'Académie des Sciences d'Outre-Mer

CONFERENCE INTERNATIONALE DES DOYENS DES FACULTES

DE MEDECINE FRANCAISE ET D'EXPRESSION FRANCAISE

THESE-MEMOIRE

MENTION :

ENDOCRINOLOGIE DES ELEMENTS A L'ETAT DE TRACES

INTITULE :

L'HYPOTHYROIDIE PRIMAIRE. EXEMPLE DE PATHOLOGIE POLY-VISCERALE METABOLIQUE

EXPERIENCE HOSPITALIERE AFRICAINE

DANS UN MILIEU EN TRANSITION DE REPLETION IODEE

Analyse sémiologique, immuno-moléculaire et de pharmaco-congruence

PAR

El Hassane SIDIBE – Centre de Clinique Médicale Marc Sankalé

Maître ès-Sciences – Université Paris VII

B.P. 5062 – FANN – DAKAR (Sénégal)

SOUS LA DIRECTION DE LA FONDATION LEOPOLD SEDAR SENGHOR

PARIS – DAKAR, MARS 2010

Préface

Pr-Dr. El Hassane Sidibé Clin. Méd. M. Sankalé bp 5062 Fann--Dakar 10700 Sénégal/Swedish Royal Acad. of Sci. Prize Candidate/Dr Ousmane Caab Sidibe/Dr Fatou Madina Sow/Alimi

Objet : De l'ANSTS en Clinique médicale et endocrinologie /Academie des sciences d'Outre-Mer

Direct au bulletin de l'ANSTS du résumé de synthèse de thèse (1984) et du mémoire du CMHParis (1988) à l'occasion du cinquantenaire du Centre de Clinique Médicale Marc Sankalé -CENTENAIRE de la Faculte de Medecine et pharmacie de Dakar-Bapteme de l'Universite de Paris V; Paris VII ; Sorbonne(2019/septembre).

RESUME/ :FORMES CLINIQUES HOSPITALIERES MULTICENTRIQUES DE L'HYPOTHYROÏDIE PÉRIPHÉRIQUE AUTOIMMUNE **Préambule épidémiologique :Relatées dès 1895 par EXALD cité par DUCROS, cette association diabète et myxoedème est longtemps apparue fortuite.. Depuis l'affinement récent des moyens d'exploration thyroïdienne, l'épidémiologie de l'hypothyroïdie a été marquée par une fréquence croissante surtout dans le sexe féminin et chez le sujet âgé. Ailleurs, elle est rarement décrite. Ainsi, selon TROWELL en dehors d'un cas, aucune forme primitive n'a été observée avant 1960 en Afrique. Nous avons retrouvé une anomalie potentielle de la tolérance au glucose dans un cas. Le diabète II est non insulinodépendant et de type pléthorique dans les 3 cas. Dans 2 cas, le diabète est postérieur et révélé par des signes cardinaux à type de polyurie polydipsie .A l'inverse, dans le dernier cas, le diabète est antérieur de 5 années à l'hypothyroïdie ; il est dépisté systématiquement à l'occasion d'un abcès de la fesse chez un sujet génétiquement prédisposé et jusque-là indemne de toute** manifestation d'hypothyroïdie.Note d'obésologie D`authentiques mémoires ont tracé le sillon de la pathogénèse du syndrome polymétabolique X, ORD ET GULL (fin 1800), Jean VAGUE en 1945 ,l'obésité << en pomme >> versus << en poire >>, les travaux de HANS SELYE( vers 1960).concepts de NEUFELD ,l` insulinoresistance par REAVEN (vers 1980)alors que Samuel REFETOFF décrivait même le syndrome de résistance aux hormones thyroïdiennes et qu`enfin, D.J.P. BARKER ,vers 1992,rapporta d`une origine fœtale des maladies de l`adulte par épigenèse transgénérationnelle graduée par BASTENIE P.A. vers 1937 et REGINALD HALL vers 1970. Nous-mêmes, dans une communication à la semaine des hôpitaux en 1988 mémoire de stagiaire interné, avons décrit une thyroïdite auto-immune à complications poly-viscérales (lithiases,hypercalcémie à PTH normale, kissing ulcer et cardiomyopathie en anasarque). Dans 24 cas notre thèse inaugurale du 28 mars 1984,Archives de Paris , et dont ceux du Traité Joslin`s 1985 insistent sur l`association du diabète et les endocrinopathies large faisceau d`affections endocriniennes au cours du diabète sucré..En fait, c`est la mise en évidence à travers 202 cas de diabète maternel d`un facteur intra-utérin probable de diabète non insulinodépendant dit de type II dans notre mémoire que nous avons pu argumenter en faveur de l`hypothèse de DJP.BARKER . La régulation nutritionnelle des facteurs Insuline –like Le facteur de croissance I Insuline like et II sont structurellement reliés à l'insuline. Ces IGFs sont de 7,5kilo daltons (KDa) compris de 70 et 67 acides aminés résiduels pour respectivement quatre domaines désignés A,B ,C et D identifiés. La nutrition est l'une des principales régulatrices de l'IGFI circulant de chez l'homme. L'énergie et les protéines sont cruciales dans la régulation. Le rôle du foie par ses récepteurs en GH est dépendant de la sévérité du gap nutritionnel. Le déclin de l'expression du gène de l'IGF-I est principalement causé par le déficit nutritionnel et de façon moins importante par les changements hormonaux nutritionnellement induits (insuline et T3). Deux observations plus récentes démontrent que les nutriments peuvent aussi contrôler l'action biologique de l'IGF-I soit directement ou indirectement à travers les protéines liant l'IGF (IGF Bps) .Les échos du syndrome polymétabolique X (à propos d'une intolérance au glucose potentielle gestationnelle et une hypothyroïdie primaire chez une française vivant à Dakar) nous emmènent à faire la considération suivante.En clinique médicale, la nutrition iodée s'est distinguée dans quatre cas par des diabètes: calcique, une observation à la semaine des hôpitaux de paris en 1988 et sucré dans trois cas chez des noires africaines sénégalaises dans la thèse inaugurale de Marie safiétou ka-cissé en 1986. L'iode régule le métabolisme nutritionnel probablement via la microbiota. Le thyrodiabéte a préoccupé les cliniciens. Les perturbateurs endocriniens sont venus nous rappeler si besoin en était que la glande thyroïde est une sentinelle de l'environnement qui selon notre approche témoigne du rôle primordial de l'iode minéral chez la plupart des organismes vivants.Conclusion générale :La classification de Basténie est une séméiologie bioclinique qui pourrait etre revue en faisant l'intégration de l'obésité comme stade incipiens du turn over thyroidien épigénétique de la déiodase réalisant une TSH inactive. L'hypothyroïdie primaire d'un point de vue historico-technique reconnait depuis Basténie : 1 le myxœdème par atrophie thyroïdienne T4 et T3 abaissées et TSH élevée.2 l'hypothyroïdie fruste ou seule la TSH élevée 3 l'hypothyroïdie infraclinique ou seule le test à la TRH est positif .4 la thyroïdite ou seule existent

des autoanticorps 5 ou le turn over de la déiopar le test a la TRH avec TSH immuno-radio-metrique.

De nombreux peptides par leur métabolisme moléculaire dans la cellule de la glande thyroïdienne, sont impliqués : les mutations du récepteur de la TSH sont source de résistance à la TSH avec hypothyroïdie congénitale. Un nouveau peptide orexigène, la Ghrelin, est diffus dans l'organisme et avec la tachykinine autre nouveau peptide facteur endocrine paracrine ; le PTTG et FGF-2 sont des marqueurs pronostiques des cancers thyroïdiens différenciés ; le CRIF1 est une nouvelle protéine du noyau qui interagit avec Gadd45 et peut jouer un rôle dans la régulation négative du cycle cellulaire de progression et de croissance ; les mutations de RET protooncongène sont devenues le marqueur du cancer médullaire de la thyroïde supplantant la calcitonine à laquelle il faut ajouter le CGRP, le CGRPβ et l'amyline ; des protéines régulatrices liant l'AMP cyclique, la protéine G, Gi alpha 1, la protéine protéolipidique MAL sont identifiées à côté d'antigènes immunologiques actifs dans la Maladie de Basedow, les polyendocrinopathies autoimmunes. Ces peptides, par la diversité de leur fonction, argumentent en faveur du concept d'endocrinologie générale équivalente de sciences médicales sociales et philosophiques.Le cyle d'Emden-Meyeroff,le cycle de Krebs et le cycle de l'uree sont producteurs d'eau;le dioxyde de carbone s'elimine par l'acide carbonique grace a l'eau;ce cycle de l'eau depend de la vasopressine dont l'ARN depend de la desiodase hypophyso-musculo-squelettique active des l'epoque embryonnaire avec une epigenese transgenerationnelle cible des perturbateurs environnementaux a l'origine d'epidemie civilisationnelle telle l'obesite dite orpheline.la TSH à la TRH a pour limite inférieure un delta TSH de 4 UI/ml; ceci est supérieur au taux inférieur à 1 UI/ml proposé par certains auteurs. Les tests à la TRH comme les autres tests dynamiques de l'antéhypophyse sont utiles pour amplifier les anomalies subtiles. Une réponse déficitaire à une hormone hypothalamique peut être due à une absence ou un dysfonctionnement des cellules pituitaires ou à un feedback négatif augmenté par les hormones périphériques. Un exemple de cette situation est l'absence de réponse de la thyréostimuline à la TRH en cas de thyrotoxicose. En définitive, qu'il s'agisse de l'hypothyroïdie primaire incipiens ou de la thyrotoxicose incipiens, le test à la TRH reste particulièrement indiquée malgré l'existence de la TSH ultra sensible.;La dose par kg de poids corporel chez nos patients se trouve entre celle proposée (1,72 ± 0,36 microg/kg/j) et (2,08 ± 0,58 microg/kg/j) ; les deux séries ayant un âge moyen équivalent à celui de notre série. En revanche, des patients plus âgés ont reçu les doses par poids corporel identique (1,86 ± 0,08 microg/kg/j) chez le patient de plus de 60 ans ; d'autres auteurs ont proposé une dose plus faible (1,60 microg/kg/j) pour un âge moyen de 68 ans.;La dose par m² de surface corporelle permettant une euthyroïdie est de 67,3 ± 14,1 microg/m²/j dans une série, alors qu'elle atteint 72,75 ± 7,5 microg/m² dans notre série ; l'âge moyen étant respectivement de 54 ± 11 et 58 ± 15 ans. Chez nos patients traités par lévothyroxine nous avons constaté que la dose /m²/j reste la mieux corrélée avec le delta TSH. Ce résultat est en accord avec ceux d'autres auteurs. Nous avons remarqué que cette discrimination est moins nette dans le groupe traité par lévothyroxine et triiodothyronine.Nous n'avons pas observé de modification de la cholestérolémie en comparant les patients dont le delta TSH est inférieur à 4 micro UI/ml avec ceux ayant plus 4 micro UI/ml. Aucun rapport évident n'est observé quand le delta TSH est inférieur à 4 UI/ml ; ce fait

atteste que les modifications entraînant l'effondrement du delta TSH ne perturbent pas la cholestérolémie en l'occurrence.Même si la technique immunoenzymatique que nous avons utilisée est celle de première génération, notre étude garde toute son importance. En effet, notre travail portant sur 52 patients par 92 tests au TRH sous lévothyroxine et association lévothyroxine et triiodothyronine a permis d'évaluer un équilibre hormonal optimal.

MOTS-CLES : dase est en cause detectee SCIENCE MEDICALE / ENDOCRINOLOGIE GENERALE / PEPTIDE / THYROIDOLOGIE / SCIENCE SOCIALE / PHILOSOPHIE/ :Epidémiologie multicentrique préliminaire-Hypothyroïdie primaire :autoimmunité-thyroidite-hypothyroidie-diabéte-afrique subsaharienne-Facteur de croissance-Insuline like growth factor-Nutrition-Métabolisme- Anabolisme -Catabolisme .

PREMIERE RUBRIQUE

IMMUNO-PATHOGENESE CELLULAIRE

M. S.T., 37 ans, habitant la région du Cap-Vert, est hospitalisé le 22 mars 1983 pour dyspnée d'effort et oedèmes généralisés.

L'aspect et la disproportion entre l'âge et la taille du malade, le pouls à 39, la température à 36°, un psychisme juste passable associé à un nanisme disharmonieux nous ont orientés vers une affection thyroïdienne. L'examen clinique et paraclinique mettent en évidence une insuffisance cardiaque globale (ICG), avec un choc de pointe non visible ni palpable, une augmentation de l'aire de la matité cardiaque, des bruits du cœur assourdis et réguliers, un gros foie cardiaque avec reflux hépato-jugulaire un bas voltage généralisé à l'examen électrocardiographique et un gros cœur en « théière » à la radiographie. Il s'agit là d'un épanchement péricardique avec décompensation cardiaque globale. La peau est ouverte de xanthomes multiples. Le malade est aussi porteur d'une hernie de la ligne blanche sus ombilicale. Après confirmation biologique de l'hypothyroïdie suspectée cliniquement, il a été mis sous opothérapie progressive. Après un mois de traitement, nous assistons à une amélioration spectaculaire de l'ICG et à la disparition des xanthomes cutanés. Le bilan radiologique de notre malade nous a permis de mettre en évidence une ostéopathie hypothyroïdienne, de multiples calculs des voies urinaires cliniquement latents et une néphrocalcinose.

La recherche de l'étiologie de ces multiples calculs radio opaques nous révèle l'existence d'une acidose métabolique avec fonction rénale normale, sans trou anionique et d'une hypercalcémie. Les résultats des examens complémentaires figurent au tableau I.

Une douleur persistante de l'hypochondre droit dans ce contexte nous a fait suspecter la possibilité d'une lithiase vésiculaire qui a été confirmée par l'échographie et la cholécystographie.

Tableau : Examens complémentaires du malade

	Avant traitement	Après 3 mois d'opothérapie	1984	1985	1986
Calcémie	114 mg/l	95 mg/l	109 mg/l	105 mg/l	102 mg/l
Calciurie	107 mg/l	100 mg/l	-	-	-
Auto-anticorps anti-thyroglobuline	Positif au 1/80	-	-	-	-
Auto-anticorps anti – microsomaux	Positif au 1/100	-	-	-	-
17 OH CS	2,95 mg/24 h (N = 3-8)	-	-	-	-
17 cétos	3,85 mg/24 h (N = 10-30	-	-	-	-
Glycémie	0,80 g/l	0,90 g/l	0,70 g/l	0,80 g/l	-
Créatininémie	10 mg/l	12 mg/l	10 mg/l	15 mg/l	13,86 mg/l
Réserve alcaline	7,9 mEq	9,5 mEq	2,16 mEq	?	27
Fixation /^{1321}	Nette hypofixation	-	-	-	-
PTH	23 mg/l (N = 20-45)	-	-	-	-
25 OHD	14,8 ng/l (N = 5-30)	-	-	-	-
Réflexogramme achilléen	310 ms	-	-	-	-
Echographie	Thyroïde en place. Lithiase vésiculaire	-	-	-	-
Lipides totaux	10 g/l	7 g/l	8 g/l	-	-
Chlestérol	2,60 g/l	1,70 g/l	1,65 g/l	-	-
T_3 test	Normal	-	-	-	-
TSH	189 mU/l	-	-	-	-
Thyroxine totale	T 19 nmol/l (N = 80-140)	Valeurs normales	-	-	-
TTL T_4 libre	3 µg/dl (N = 14-45)		-	-	-

Deux interventions chirurgicales successives ont permis d'extraire les calculs urétéraux calciques (cinq à gauche, deux à droite) et le calcul vésiculaire cholestérolique, et de faire la cure de la hernie ombilicale.

Au cours de l'intervention sur les voies biliaires, le chirurgien découvre fortuitement un « kissing ulcer » du bulbe duodénal pour lequel il pratique une vagotomie tronculaire.

Les suites opératoires ont été simples et le malade se porte bien actuellement sous opothérapie et alcalinisation discontinue.

PREMIERE PARTIE – HEURISTIQUE

CASIUSTIQUE :

CONTRIBUTION A LA THYROIDOLOGIE GENERALE

Thyroïdite auto-immune atrophique et hypothyroïdie primaire.

Réflexions sur l'immuno-endocrino-pathogenèse cellulo-moléculaire

---

Résumé : Le concept de maladie thyroïdienne auto-immune inclut au premier degré la thyrotoxicose et la thyroïdite d'Hashimoto avec ses variantes et, toujours au premier degré, le myxoedème (thyroïdite atrophique), certains cas de goitres non toxiques sporadiques, la plupart des hyperthyroïdies néonatales et une proportion de crétinisme congénital athyréotique. Chacun des clones # 107, # 111 et # 205 est apparu être homologue aux gènes en rapport avec l'apoptose, aldolase A, et collagène (IV) a-2 respectivement, alors que le clone # 123 ne montrait aucune homologie avec les gènes connus, suggérant que les 4 gènes susmentionnés pourraient avoir un important rôle de fonctionnement physiologique dans les thyrocytes qui sont sus ou sous-régulés de façon dépendante par la thyroid stimulating hormone. Le thyrocyte de chien exprime 5 clones codant pour des protéines connues : thrombospondine 1, TNFr 1, RhoE, Ra 1B et Annexine A2. Ces régulations apportent une contrepartie moléculaire aux effets physiologiques de la TSH : angiogenèse (diminution de la thrombospondine 1), diminution de l'apoptose (diminution de TNFr 1) et interruption du filament d'actine, macropinocytose et sécrétion d'hormones thyroïdiennes (diminution de RhoE).

2 - Commentaires

Le polymorphisme de l'hypothyroïdie en général, peut revêtir différents contextes cliniques, notamment hypothalamique, tumoral hypophysaire, surrénalien, goitreux, hypométabolique, hypermétabolique, endocrino-oculaire, carcinoïde, phosphocalcique, glycémique, gastro-intestinal, anthropométrique, polyuro-polydipsique, endocrino-rénal, artériel, hépatique, materno-fœtal, cardio-vasculaire, neurologique, ostéo-articulaire, psychologique ou intellectuel, andrologique, gynécologique, pilaire, cutané, polyendocrinopathique, d'ectopie hormonale, pédiatrique, géronto-gériatrique, pharmacologique et biologique moléculaire. Le diagnostic lésionnel de l'étiologie de l'hypothyroïdie primaire laisse une place de choix à la thyroïdite auto-immune atrophique. Entité non répertoriée dans les ouvrages de référence en 1985 de nos jours, des tentatives physiopathologiques sont osées face à cette entité à travers une chronologie simple des travaux portant sur les éventuels peptides à l'échelon du métabolisme du thyrocyte et les données cellulaires concernant la thyroïdite auto-immune atrophique. Ainsi, les anticorps qui font la promotion de la croissance de la thyroïde sont reconnus face à une population distincte d'autoanticorps stimulant la thyroïde. Deux types d'anticorps bloquants de la thyroïde et de type IgG sont identifiés. Le concept de maladies auto-immunes thyroïdiennes est alors défini. Le traitement par la cyclosporine inhibe l'infiltration lymphocytaire des cellules cibles multiples chez le rat BB à haut risque. L'évidence d'une activité bloquante de la TSH dans le goitre de la thyroïdite d'Hashimoto est démontrée. L'inhibition de la captation de l'iode stimulée par la TSH dans les cellules thyroïdiennes FRTL-5 est démontrée. L'incidence des anticorps bloquant l'effet de la TSH in vitro est mise à jour ainsi que la faible prévalence de l'anticorps dirigé vers le récepteur de la TSH. Une macroorchidie avec fibrose testiculaire est observée en association à une thyroïdite auto-immune alors que l'histopathologie de la thyroïdite atrophique avec immunoglobuline inhibitrice de la liaison bloquant la TSH a été étudiée. L'auto-immunité humorale ne paraît pas impliquée dans la pathogenèse du crétinisme myxoedémateux. Il est alors prôné l'utilisation de cellules exprimant le récepteur de la TSH humaine pour la mesure des anticorps stimulants et bloquants de la thyroïde alors qu'un déficit en calcitonine dans les stades précoces de la thyroïdite auto-immune est mis en évidence. La gastrite atrophique du corps chez les patients ayant une maladie thyroïdienne auto-immune fait l'objet d'intérêt pendant que les changements histologiques dans le pancréas chez une patiente diabétique âgée positive pour l'anticorps GAD puis les manifestations précoces de l'auto-immunité gastrique chez les patients ayant une maladie thyroïdienne auto-immune sont étudiées.

3 - Réflexions : Il faut dire que des pionniers ont défendu le concept de maladie auto-immune qui inclut au premier degré la thyrotoxicose et la thyroïdite d'Hashimoto avec ses variantes et, toujours au premier degré, le myxoedème (thyroïdite atrophique) ; certains cas de goitres non toxiques sporadiques, la plupart des hyperthyroïdies néonatales et une proportion de crétinisme congénital athyréotique . Toutefois, le rôle de l'auto-immunité thyroïdienne dans la pathogenèse du crétinisme endémique myxoedémateux, s'il a été suggéré avec la présence d'anticorps bloquant la croissance de la thyroïde dans le sérum de ces patients, comme les autres crétinismes endémiques, le crétinisme endémique avec hypothyroïdie sans goitre n'a pas d'anticorps dirigés contre le récepteur de la TSH capable d'inhiber la fonction ou la croissance des cellules thyroïdiennes stimulées par la TSH .

Certains anticorps peuvent faire la promotion de la croissance de la thyroïde dans les milieux de cultures sans être retrouvés dans la thyroïdite atrophique où, en revanche, deux types d'anticorps bloquant la fonction de la thyroïde sont observés ; le premier type bloque la liaison de la TSH à son récepteur et inhibe la réponse de l'AMP cyclique stimulée par la TSH sans bloquer l'organification et la captation de l'iode stimulée par l'AMP cyclique ; l'autre type bloque la liaison de la TSH à ses récepteurs, inhibe les réponses de l'AMP cyclique stimulée par la TSH et bloque la captation de l'iode stimulée par l'AMP cyclique et l'organification (processus post-récepteurs). Trois quarts des thyroïdites auto-immunes atrophiques explorées avaient seulement le premier type. L'étude des effets des fractions crues des immunoglobulines du sérum chez les patients ayant ou non un goitre lors d'une thyroïdite auto-immune atrophique sur la captation des cellules FRLT-5 de l'iode 125 stimulée par l'AMP cyclique sous dibutyryl, forskoline et immunoglobuline stimulant la thyroïde (TSI) a comme résultat qu'au moins deux types d'anticorps sont impliqués dans l'inhibition de la captation de l'iode 125 stimulée par les immunoglobulines thyréostimulants où la TSH : l'un étant un inhibiteur compétitif de la liaison de la TSH à ses récepteurs, et un autre exerçant une influence à une étape subséquente à la liaison de la TSH ou l'immunoglobuline thyréostimulante de façon présumée à travers l'inhibition de l'adénylate cyclase .

Dans une grande série, 42 patients ayant une thyroïdite auto-immune atrophique contre 115 ayant une thyroïdite d'Hashimoto, la fréquence de la présence des TBII, TSII, et TGII chez les premiers était plus élevée que chez les patients ayant une thyroïdite d'Hashimoto ; et les TSII et les TGII sont significativement associées à la thyroïdite auto-immune ; les activités des TSII, TBII, TGII étant corrélées . Les résultats des études indiquent que dans la thyroïdite auto-immune, les anticorps se liant à la TSH sont détectables presque exclusivement chez les patients en hypothyroïdie, leur prévalence étant plus élevée dans l'hypothyroïdie avérée plus que dans une défaillance subclinique de la thyroïde ;la prévalence des anticorps se liant à la TSH et leur taux moyen sont plus élevés chez les patients hypothyroïdiens ayant une thyroïdite auto-immune que chez ceux ayant une maladie d'Hashimoto ; dès lors, la présence des anticorps liant la TSH circulante apparaît avoir un lien avec le développement de l'hypothyroïdie et de l'atrophie thyroïdienne. La prévalence de l'anticorps dirigé contre le récepteur de la TSH (TRAB) mesuré (TBII) et le test biologique bloquant la stimulation (TSAB) a été examinée chez 34 patients consécutifs ayant une hypothyroïdie primaire due à une thyroïdite auto-immune (83 cas de thyroïdite d'Hashimoto et 51 cas de thyroïdite auto-immune atrophique). La faible prévalence de l'anticorps dirigé contre le récepteur dans l'hypothyroïdie primaire suggère que les mécanismes destructifs médiés par les cellules pourraient être plus importants dans la pathogenèse de l'hypothyroïdie de la thyroïdite auto-immune . L'incorporation de la thymidine stimulée par la TSH se fait par la production d'AMP cyclique et les immunoglobulines G inhibent cette incorporation de la thymidine stimulée par la TSH en diminuant la production de l'AMP cyclique dans les cellules FRTL-3) mais non porcines ou thyroïdiennes humaines.

L'étude de l'histologie de la thyroïdite atrophique avec immunoglobuline inhibitrice liant la TSH et de type bloquant, montre à l'immuno-histochimie, que le mécanisme favorisant le développement de l'hypothyroïdie dans la thyroïdite auto-immune avec TBII type bloquant pourrait être dû à la suppression de la fonction des cellules thyroïdiennes à travers l'inhibition de la stimulation de la TSH endogène par l'anticorps bloquant avec subséquemment une destruction dégénérative épithéliale. Il est important de reconnaître les caractéristiques histologiques distinctives entre la thyroïdite lymphocytaire d'Hashimoto et le lymphome thyroïdien ; une hétérogénéité de la population du lymphocyte de petite et de grande taille est le profil le plus fréquent des deux maladies. La présence d'une population monotone de lymphocytes de grande taille ou plus rarement de petites cellules, indique un probable lymphome thyroïdien. D'autres techniques sont plus aptes pour la différenciation des cas avec diagnostic concluant. Même si les lymphomes primaires à cellules B (lymphomes associés à MALT) de la thyroïde sont bien connus comme séquelles de thyroïdites, les lymphomes à cellules T sont rares, en particulier dans les parties du monde où le lymphome à cellules T prédomine. Une tumeur d'immuno-phénotype de lymphome à cellules T positive à HTLV-1 chez un Anglais n'ayant pas visité de zones d'endémie est sérologiquement négatif à HTLV-1 a été observée avec le reste de la glande thyroïde montrant une thyroïdite lymphocytaire floride et des changements en cellules de Hurtle typique d'une thyroïdite d'Hashimoto à côté du lymphome thyroïdien à cellules T à un stade clinique favorable (stade I E) contrairement aux autres cas rapportés de lymphome thyroïdien à cellules T se présentant aux stades III ou IV de la maladie. Le cancer primaire thyroïdien concerne 1,5% des tumeurs malignes et occasionne annuellement 0,5% des mortalités par cancer. Il est habituellement lié à l'eu- ou l'hypothyroïdie et rarement associé à l'hyperthyroïdie. Des complications variées lors du traitement radioactif par iodothérapie comme le développement de l'hypothyroïdie, le caractère réfractaire de l'hyperthyroïdie, la thyroïdite radique, le degré sévère des changements dysplasiques peuvent être démontrés par des séries de biopsies aspirations. La transplantation de la moelle osseuse a pu justifier chez 83 enfants immunodéficients primaires, un conditionnement cytoréducteurs avec Busulphan et cyclophosphamides sans irradiation corporelle totale. Ceci a révélé que 9 enfants avaient une dysfonction thyroïdienne biochimique entre le 4ème mois et 4,5 ans après la transplantation de moelle osseuse, avec 3 enfants ayant des anticorps antithyroïdiens anti-microsomiaux. Deux patients étaient classés comme ayant une hypothyroïdie primaire et 7 autres comme ayant une hypothyroïdie compensée (hyperthyréotropinémie). 4 patients avaient des caractères cliniques d'hypothyroïdies justifiant de la Lévothyroxine, alors que 5 des 7 patients avec hypothyroïdie compensée étaient considérés comme ayant un phénomène transitoire. La radiothérapie peut apporter des bénéfices additionnels dans le traitement des neuroblastomes avec des effets adverses modérés de toxicité hématologique ou thyroïdienne.

Dans les formes familiales, il faut savoir écarter des cas inexpliqués où 3 membres d'une famille, avec des caractéristiques cliniques et paracliniques compatibles avec l'hypothyroïdie dyshormonogénique, avaient un profil d'hérédité autosomique récessive. 2 avaient une hypothyroïdie primaire avec fixation normale thyroïdienne au technétium 99 m, et se présentaient avec un retard de croissance à l'âge de 7,5 ans et de 2 ans, et un avait une hypoplasie du lobe droit avec hémiagénésie du lobe gauche, et faible captation de la fixation thyroïdienne en iode, diagnostiquée en 14 mois. Ils avaient un faciès aminci, une mandibule rétrognathe nasale, une arête du nez proéminente avec toutefois un développement intellectuel raisonnablement normal en dépit du retard du traitement. L'âge avancé avec le traitement des patients ne suffisait pas à réduire le retard statural. Un diagnostic différentiel possible et l'hypothyroïdie dyshormonogénique, spécialement la résistance à la TSH ; et alors le nanisme pourrait rentrer dans le cadre d'un gène anormal dans cette famille. Même si le déficit en calcitonine a été décrit dans la thyroïdite auto-immune atrophique, il n'est pas clair de savoir à quelle étape de la maladie se développe ce déficit. L'on a observé de faibles taux basaux et stimulés de calcitonine chez les patients ayant une thyroïdite auto-immune chronique et une augmentation de volume de la glande thyroïde qui représente une phase précoce de la thyroïdite auto-immune chronique. Un déficit de calcitonine sécrétée s'observe dans les étapes avancées de thyroïdite auto-immune atrophique chronique dans la quelle l'atrophie est habituellement observée. Ces constatations peuvent être associées à la destruction des cellules C suivant une progression non spécifique des lésions folliculaires cellulaires causées par l'infiltration lymphocytaire et la fibrose de la glande. Le goitre peut être très original comme chez une femme de 42 ans se présentant avec une hyperthyroïdie et un goitre volumineux, ferme, irrégulier, d'une dureté de roc, révélant des caractéristiques d'une thyroïdite chronique et une fibrose à la biopsie aspiration à l'aiguille fine, associée à une hypoparathyroïdie primaire spontanée. Du fait d'un syndrome compressif, l'intervention chirurgicale qui s'est imposée, a découvert une thyroïdite de Riedel confinant en post-opératoire à une rauque et une hypoparathyroïdie illustrant ainsi les manifestations protéiformes de la thyroïdite de Riedel, maladie rare mais fascinante. Les nodules chauds scintigraphiques, analysés aux ultrasons, ont concerné 17 patients ayant une maladie thyroïdienne auto-immune incluant la thyroïdite d'Hashimoto, la maladie de Basedow et l'hypothyroïdie avec des anticorps dirigés contre les récepteurs, et ont montré que ces affections auto-immunes appartenaient soit à une catégorie avec une région définie malade correspondant à un nodule chaud ou soit avec une absence de corrélation entre la lésion et le nodule chaud scintigraphique. Le pré-traitement par les éthionamides requiert une dose totale plus élevée d'iode 131 sodique pour réaliser une cure en donnant une incidence initiale plus faible d'hypothyroïdie. La plupart des étiologies observées lors du dépistage néonatal de l'hypothyroïdie congénitale, sont l'ectopie thyroïdienne (46%), l'aplasie thyroïdienne (33%) et la dyshormonogenèse (11%) justiciables d'un traitement dès le 17e jour de vie. Ce diagnostic précoce est quasi-impossible en dehors du dépistage néonatal. L'hypothèse selon laquelle l'événement physiopathologique primaire dans les différents types de crétinisme endémique est représenté par l'hypothyroïdie hypothyroxinémique fœtale et maternelle alors que les différences peuvent être expliquées par le degré et la durée de l'hypothyroïdie postnatale. Cette différence entre les deux types s'expliquant par le déficit thyroïdien hormonal post-natal dans le type myxoedémateux, aboutit à un retard de croissance, des altérations squelettiques et une immaturité sexuelle.

Un clone de cellules ovariennes du Hamster chinois transfecté par l'ADNc du récepteur de la TSH humaine constitue un bon procédé de tests des anticorps thyréostimulants (TSAb) et des anticorps TSH bloquants. La sensibilité de ce test est plus élevée que celle obtenue en utilisant des cellules FRTL, en ayant des avantages additionnels d'exprimer le récepteur de la TSH humaine et requérant moins de procédure dans leur culture. L'apparition d'une maladie d'Hashimoto après le traitement par Interféron Alpha d'une Hépatite chronique C chez un patient, était associée à une prédisposition génétique spécifique (DR5) pour cette pathologie. Des études ultérieures s'avèrent indispensables pour savoir si la connaissance des antigènes HLA pourrait être un outil efficient pour détecter les patients ayant une prédisposition à développer une thyroïdite auto-immune dans le but d'un diagnostic précoce des affections thyroïdiennes durant le traitement par l'Interféron alpha. La cirrhose biliaire primitive est une maladie chronique cholestatique qui peut progresser vers la déchéance hépatique. L'étude de sa présentation clinique, de ses caractéristiques histo-anatomo-pathologiques, de son traitement et de son évolution, a concerné 115 patients (110 femmes de 30 à 76 ans). Ceci a montré que le syndrome de Sjogren était présent dans 38% des cas et l'hypothyroïdie dans 13% des cas, la sclérodermie dans 7% et la polyarthrite rhumatoïde dans 5% des cas. En effet, l'hypothyroïdie et la maladie osseuse métabolique sont comptées parmi les nombreuses manifestations extra hépatiques et plus fréquentes ayant un retentissement métabolique (Heathcote, 1997). Le syndrome de Sjogren, qui est la plus fréquente association clinique (30%) dans une série mexicaine de 80 patients porteurs d'une cirrhose biliaire primitive, comprenant 75 femmes et 5 hommes ayant un âge moyen de 46 $\pm$ 11 ans, s'accompagnait dans un cas de dystrophies musculaires progressives et dans un autre, de myélomes multiples et d'hypothyroïdie, avec la notion d'une nette association avec le syndrome d'hypergammaglobulinémie, la neuropathie périphérique symétrique et le groupe HLADR-3. Le syndrome de Raynaud reconnaît d'abord la sclérodermie comme l'affection la plus fréquemment associée à sa forme secondaire (216 cas parmi 761 patients, soit 28,4%). Parmi les diagnostics cliniques les plus fréquemment inclus, le lupus érythémateux systémique comptait pour 52 cas (6,8%), la polyarthrite rhumatoïde, 36 cas (5%) ; les autres affections concernent l'hypertension, le syndrome de Sjogren, les connectivites mixtes, les connectivites indifférenciées, la fibromyalgie, le syndrome de canal carpien, la cryoglobulinémie, la dermato-polymyosite, la vascularite, l'hypothyroïdie et le diabète sucré qui comptent pour 5% des cas de phénomènes de Raynaud secondaires. Les sérites associées aux maladies auto-immunes endocriniennes (insuffisance surrénalienne idiopathique, 10 cas ; maladie de Basedow, 8 cas ; maladie d'Hashimoto, 4 cas ; atrophie thyroïdienne avec hypothyroïdie, 3 cas ; hypogonadisme primaire idiopathique, 3 cas ; thyroïdite transitoire, 2 cas ; diabète sucré, 1 cas ; le tout diagnostiqué à l'âge moyen de 24 ans) peuvent survenir avec des douleurs thoraciques, de la fièvre, des épanchements exsudatifs chez les femmes jeunes caucasiennes du groupe phénotypique HLAB8 – DR3 – C4AQ0, avec possiblement un même mécanisme physiopathologique. L'hypothyroïdie compte parmi les maladies auto-immunes associées au lupus érythémateux disséminé que l'on observe dans des familles ayant en association le groupe HLA DR2 et DR3, facteurs de risque ne pouvant cependant pas expliquer l'atteinte de tous les patients par le lupus érythémateux disséminé. Il a été rapporté un cas d'hypothyroïdie primaire et de déficits multiples de la glande pituitaire associés aux anticorps anti-phospholipides. L'hypopituitarisme du patient est survenu après son accouchement et l'examen par résonance magnétique nucléaire a révélé une selle turcique vide de l'hypophyse faisant penser qu'ainsi elle avait un syndrome de Sheehan ; il existe peu de travaux montrant le lien entre les anticorps anti-phospholipides et les maladies endocriniennes, alors que l'installation en rapport avec les anticorps anti-phospholipides de ces affections pourrait être plus fréquente qu'il n'est généralement apprécié. Une femme de 27 ans présentant une histiocytose X inaugurée par une hypothyroïdie primaire, avait un goitre dont le diagnostic à la biopsie en même temps que l'atteinte pulmonaire et une masse hypothalamique était compatible avec l'histiocytose X, le tout convenablement traité par radiothérapie et chimiothérapie avec succès. En dépit de la forte incidence de sinusite et la petite taille dans l'hypothyroïdie primaire durant le syndrome de Turner, il faut considérer la présence d'un hypopituitarisme quand la patiente présente de faibles taux de TSH avec une négativité des anticorps et des taux bas de façon inappropriée de gonadotrophine chez ces patients ayant une dysgénésie gonadique. Donc l'évocation d'un syndrome secondaire de la selle turcique vide doit être envisagée durant l'hypothyroïdie. Du reste, la combinaison du dépistage néonatal de la T4 et en supplément de la TSH et la reconnaissance des signes d'hypopituitarisme constituent la stratégie optimale pour détecter les enfants ayant une hypothyroïdie hypopituitaire congénitale. Parmi 120 patients ayant une ophtalmopathie basedowienne, 108 (90%) avaient une hyperthyroïdie de type Basedow ; 1 (1%) une hypothyroïdie primaire ; 4 (3%) une thyroïdite d'Hashimoto et 7 (6%) étaient euthyroïdiens (Bartley, 1996). Un cas d'hypothyroïdie a été observé parmi 22 patients ayant un syndrome neuromyélitique optique récurrent qui rentre dans le groupe des maladies démyélinisantes et inflammatoires du système nerveux central. La tuberculose pulmonaire concernant 3 patients, la neurocysticercose, 1 patient ; la périartérite noueuse, 1 patient : le facteur rhumatoïde et les anticorps nucléaires, 1 patient ; le syndrome primaire de l'anticorps anti-phospholipide, 1 patient ; le diabète sucré, 1 patient ; l'aménorrhée galactorrhée, 4 patients. L'élargissement de l'hypophyse secondaire à l'hypothyroïdie primaire est connu mais rare et pouvant être difficile à diagnostiquer à la tomodensitométrie et à la résonance magnétique nucléaire par rapport aux tumeurs hypophysaires primaires. Une femme de 33 ans a été adressée au Neurochirurgien pour exérèse de masse hypophysaire avec une TSH très élevée en l'absence de signe d'hyperthyroïdie et avec de faibles doses d'hormone thyroïdienne conduisant au diagnostic de grosse selle turcique secondaire à une hypothyroïdie primaire. La glande hypophysaire est retournée à la taille normale sous traitement par thyroxine. La chirurgie n'étant pas indiquée. La réversibilité est possible en une semaine de traitement rapide intensif. Il s'agit d'une hyperplasie des cellules thyréotropes de l'hypophyse antérieure secondaire à l'hypothyroïdie primaire régressant sous thyroxine et distincte du prolactinome et de l'adénome à TSH. A l'histologie conventionnelle, l'aspect est chromophobe. Quelques fins granules se colorent à la thionine aldéhyde mais sont négatifs au PAS et ne contiennent pas de TSH immunoréactive. A la microscopie électronique, les cellules tumorales diffèrent des cellules déficientes thyroïdiennes. Elles sont petites et angulées contenant de nombreux microtubules et de petits granules sécrétoires sphériques orientés principalement le long des membranes plasmatiques définissant ainsi de pseudo adénomes à cellules thyréotropes développées à partir de la surstimulation secondaire au déficit hormonal thyroïdien chronique. Une compression chiasmatique est possible. La prolactine sérique est élevée chez un tiers des hypothyroïdiens, les autres présentant une libération augmentée après TRH intraveineux.

La détermination de la TSH spécialement chez la femme de la quarantaine, permet de dépister précocement l'hypothyroïdie subclinique. En effet, les signes peuvent varier, particulièrement chez le sujet âgé et différer des caractéristiques générales. Donc, il s'avère difficile de se limiter à la seule clinique pour le diagnostic de l'hypothyroïdie primaire chez le sujet âgé. Les lésions sont plus sévères, la reprise plus lente et les taux de rechute plus élevés plus dans les formes immunologiques que dans les formes chimiques d'hypothyroïdie réversible. La thyroxinémie est abaissée dans l'hypothyroïdie primaire. Le syndrome de basse T3 est observé devant certains facteurs nutritionnels telle l'anorexie mentale. La myopathie est l'une des manifestations de l'hypothyroïdie relativement rares. Un cas de syndrome de Hoffmann dû à une myopathie hypothyroïdienne a été documenté dans ses traits cliniques, ses données de laboratoire et sa réponse positive au traitement substitutif à l'hormone thyroïdienne, chez un jeune homme de 22 ans ayant une hypothyroïdie primaire à l'âge de 5 ans. L'hypothèse d'un effort musculaire de longue durée chez les hypothyroïdiens puisse être responsable de dommages musculaires et de symptômes, peut expliquer que seuls de rares patients hypothyroïdiens développent un tableau similaire à une polymyosite. Les observations histologiques majeures sont l'atrophie des fibres de type II, les anomalies du profil oxydatif des cellules musculaires, et de dépôt de glycogène ; dans les investigations biochimiques, une augmentation du glycogène musculaire avec réduction d'activités de la glycolyse et des enzymes de la glucogénolyse sont observées ; après douze mois de traitement, une nouvelle biopsie a montré que quelques anomalies musculaires histologiques persistaient, conduisant à la suspicion que le manque en hormones thyroïdiennes pourrait induire des dommages structuraux irréversibles du muscle squelettique. Aussi, une biopsie cardiaque ventriculaire droite, transveineuse, a démontré une fibrose myocardique diffuse sans infiltrat inflammatoire interprété comme une séquelle des lésions interstitielles du cœur myxoedémateux avec œdème et infiltrat mucoïde. L'examen des changements histologiques du pancréas chez une femme diabétique âgée de 75 ans qui était traitée par Sulfonylurée durant 10 ans et requérant le traitement par insuline pour les 10 ans suivants avec positivité de l'anticorps anti-glutamique acide de carboxylase (GADAb) 20 ans après le diagnostic du diabète, a montré à l'autopsie des îlots du pancréas défigurés, sans aucune cellule bêta. Ces changements ne peuvent être distingués de ceux du diabète de type I ancien, alors que l'insulite n'a pas été retrouvée ; ce cas suggère que les patients diabétiques positifs aux anticorps anti GAD, même si les hypoglycémiants oraux sont efficaces, peuvent développer une destruction complète de la cellule bêta sur une longue période. Pour déterminer la prévalence de l'hypothyroïdie et du diabète sucré chez le sujet âgé de 65 à 92 ans, chez les membres de Kibboutz du Nord d'Israël, les dossiers de 1096 sujets âgés (642 femmes, 454 hommes) résidant dans 11 Kibboutz, ont été revus compte tenu des tests de la fonction thyroïdienne (TSH et T4 libre) et glycémie à jeun. La prévalence de l'hypothyroïdie était de 14% (9,7% d'hommes et 18,2% de femmes) ; la prévalence du diabète sucré était de 11,5% (12,1% chez les hommes ; 11,1% chez les femmes). Chez 74% de diabétiques, le diagnostic était fait après l'âge de 60 ans. La distribution des modalités du traitement chez les patients diabétiques était la suivante : régime seul : 42% ; hypoglycémiants oraux : 52% ; insuline : 6%. L'hypothyroïdie subclinique (TSH sérique au-dessus de 4,5 mU/l avec des taux normaux de T4 libre) était détectée chez 38% de sujets hypothyroïdiens. Ceci suggère que le diabète sucré et l'hypothyroïdie primaire sont des affections fréquentes chez le sujet âgé. Le diabète sucré chez le sujet âgé peut habituellement être équilibré par le régime et les hypoglycémiants oraux. Dès lors que les caractéristiques cliniques de l'hypothyroïdie chez le sujet âgé sont habituellement atypiques, il est convenable que l'hypothyroïdie soit dépistée chez le sujet âgé. Une étude portant sur la coexistence de la maladie de Basedow (117 cas) ou l'hypothyroïdie primaire (48 cas), a permis de montrer que dans la maladie de Basedow, la dysfonction thyroïdienne et le diabète se développent à un âge plus précoce que chez les patients ayant une hypothyroïdie primaire, sans aucune différence dans le sex ratio dans les 2 groupes ni dans la proportion de ceux prenant de l'insuline. En revanche, par rapport à la population générale diabétique, 87% des diabétiques ayant une maladie thyroïdienne sont des femmes, 56% requérant de l'insuline au partir du moment du diagnostic, l'âge médian au moment du diagnostic de diabète étant de 36 ans. Une forte corrélation était observée entre l'âge au moment du diagnostic de diabète et celui de l'hyperthyroïdie (r = 0,71, p moins de 0,001) ou l'hypothyroïdie (r = 0,65, p moins de 0,001). Avec l'accroissement de l'âge au moment du diagnostic du diabète, l'intervalle entre le diagnostic de diabète et de maladie thyroïdienne diminue ; l'intervalle moyen entre le diagnostic de diabète et celui de dysfonction thyroïdienne était plus long chez les hypothyroïdiens (6,7 ± 1,2 ans) que chez les hyperthyroïdiens diabétiques (moins 2,4 ± 1,2). Ni les insulinodépendants ou les non insulinodépendants diabétiques ayant une maladie thyroïdienne n'exhibaient de variations saisonnières significatives dans le diagnostic ou les symptômes d'installation du diabète. Il est concevable que là où le diabète accompagne la maladie thyroïdienne auto-immune chez le même patient, les deux affections puissent partager une pathogenèse commune et coïncidente non liée à des influences environnementales aiguës. Il est donc de bon ton d'exclure une hypothyroïdie primaire devant toute prise de poids non évidemment expliquée comme il faut rechercher les anticorps bloquant le récepteur de la TSH qui peuvent jouer un rôle pathogénique dans un groupe de patients ayant le myxoedème primaire. Un sujet de 16 ans de sexe masculin ayant une ancienne thyroïdite lymphocytaire chronique a été exploré pour macroorchidie ; l'étude tenant compte des cas antérieurs suggère que l'étiologie de l'état d'hypothyroïdie pouvait influencer le développement d'une fibrose testiculaire. L'atrophie du corps gastrique n'a jamais histologiquement été caractérisée chez les patients ayant une maladie auto-immune thyroïdienne et sa prévalence peut être substantiellement différente de ce qui a été avancé basé sur seulement une évidence indirecte. Chez les patients ayant une maladie thyroïdienne auto-immune, près d'un tiers a une gastrite atrophique du corps qui était aussi diagnostiquée chez les jeunes patients. La mesure des taux de gastrine représente l'outil le plus efficace pour le diagnostic d'atrophie du corps gastrique et la présence d'une anémie même microcytaire était suggestive d'une atrophie gastrique non diagnostiquée. Les patients jeunes atteints d'affection thyroïdienne auto-immune présentent 14 à 21% de prévalence d'anticorps anti-cellules pariétales réagissant contre l'ATPase H+/K+ des cellules pariétales gastriques ; la gastrite auto-immune paraît comme un événement précoce dans la maladie thyroïdienne auto-immune avec des anticorps anti-cellules pariétales ; les taux plasmatiques de gastrine constituent un marqueur efficace de l'atrophie gastrique. Une résistance endocrine des organes cibles a été évoquée devant un hyperinsulinisme intense, un hypogonadisme hypergonadotrope et une hypothyroïdie sans signe d'auto-immunité chez un patient ayant une trisomie 4q. Le syndrome de polyendocrinopathie juvénile donne de l'intérêt à la candidose chronique dans l'hypothyroïdie primaire, toutefois sans que l'on ne connaisse le lien entre l'hypothyroïdie et la candidose cutanéo-muqueuse chronique. Une famille A incluait une fratrie de 3 enfants ayant à la fois une candidose et une hypothyroïdie et 3 individus ayant seulement une hypothyroïdie. La famille B incluait 4 membres ayant une candidose dont 1 seul garçon avait aussi une hypothyroïdie. Tous les individus affectés par la candidose cutanéo-muqueuse souffraient de candidose orale et d'onychomycose depuis l'enfance. Une dermatite séborrhéique faciale, une folliculite générale et une blépharite en écaille constituaient les manifestations principales. L'hypothyroïdie devenait évidente durant l'enfance. Aucun anticorps thyroïdien n'était présent dans la fratrie affectée de la famille A alors que le garçon de la famille B ayant une hypothyroïdie avait des anticorps contre la thyroïde peroxydase au moment du diagnostic.

56% des patients constitutifs ayant un carcinoïde gastrique (15 ans), avaient des anomalies auto-immunes et endocriniennes incluant la gastrite atrophique (67%), l'anémie pernicieuse (58%), l'hypothyroïdie (39%), le diabète (19%), la maladie d'Addison et l'hyper-parathyroïdie (6%) . L'hypothyroïdie par elle-même, paraît interférer avec la fonction hypothalamo-hypophyso-ovarienne. Un médecin qui soigne un patient ayant une maladie de Castelman (adénopathie hyperplasique angio-folliculaire) devrait être averti du développement de déficits endocriniens multiples incluant l'hypogonadisme primaire, le diabète sucré, l'hypothyroïdie, l'insuffisance surrénalienne. Le syndrome Poems (polyneuropathie, organomégalie, endocrinopathie, M protéine, S modification cutanée) dans lequel peut exister une hypothyroïdie, peut être en rapport avec une substance circulante qui interfère avec l'action d'hormones trophiques possiblement en inhibant la production d'un second messager. Dans une série récente de 19 patients, tous hypométaboliques, l'âge moyen était de 42,2 ans, le sex ratio hommes/femmes de 0,33, tous étiquetés hypothyroïdie primaire non iatrogène. Jadis objectivé par le métabolisme basal, cet hypométabolisme peut confiner à l'insuffisance respiratoire aiguë comme dans un cas unique de défaillance ventilatoire chez un homme de 58 ans ayant une hypothyroïdie sévère. Le rythme respiratoire péri-opératoire excessivement faible (de 3 à 4), de même que le faible volume ventilatoire, et au même moment l'apparition d'une alcalose respiratoire aiguë primaire, et l'hypocapnie témoignent d'un taux de métabolisme basal profondément abaissé. La diminution de la production de CO2, conséquence probable de l'hypothyroïdie sévère, pourrait aboutir au développement de l'alcalose respiratoire aiguë en dépit de la diminution de la ventilation permanente simultanée. Il faut dire que l'apnée du sommeil souvent associée à l'hypothyroïdie, donne la réponse la plus satisfaisante au traitement non chirurgical par hormonothérapie. La constipation est un signe qui a de l'intérêt car dans l'hypothyroïdie congénitale chez le chat abyssinien, la maladie paraît héritée sous un mode autosomique récessif avec chez les homozygotes des signes de retard de croissance avec petite taille et traits de chaton, constipation et goitre. La captation du radioiode par la glande thyroïde étant normale, mais avec une forte proportion de radioiode accumulé et libéré après administration de perchlorate de sodium, faisant conclure que les chats affectés avaient une dyshormonogenèse primaire du type défaut de l'organification peroxydasique. De même, les petites tailles, dans une fratrie de deux sœurs de 13 et 12 ans, ont été le témoin de l'hypothyroïdie avec goitre diffus correspondant à une maladie d'Hashimoto à l'histologie ; cependant, seule la TSH par double anticorps radioimmunologique était à plus de 200 unités dans les deux cas, alors que chez l'une, des anticorps étaient liés à la T3 et dans l'autre à la T4. La fucosidose est rare, causée par une affection du stockage lysosomal autosomique récessif dû à un sévère déficit en alpha L fucosidase et qui a été observé chez un jeune homme de 27 ans consultant pour insuffisance de développement d'abord notée à l'âge de six mois ; en plus de la fucosidose, le test thyroïdien a montré une hypothyroïdie primaire.

Les cytokines constituent une grande famille de petites protéines sécrétées par les leucocytes et ayant un rôle essentiel dans la médiation de la fonction immune. Beaucoup de cytokines ont des sources et des cibles cellulaires multiples comme beaucoup d'autres inducteurs et inhibiteurs naturels. Ces caractéristiques et surtout ces particularités fonctionnelles des cytokines (mode d'action paracrine et autocrine, chevauchement d'activités, actions pléiotrophiques, un réseau régulateur complexe comme mode de fonctionnement, régulation en aval réciproque des groupes de cytokines Th1 et Th2) ont donné de l'intérêt aux investigations portant sur le rôle des cytokines dans les maladies auto-immunes. La production accrue de cytokines, puissants agents inflammatoires, tels que l'Interleukine 1, le Tumor Necrosis Factor Alpha et aussi l'Interleukine 8 et l'Interféron Alpha Gamma, stimule les cellules dans différents tissus et libère les protéinases et des espèces réactives oxygénées contribuant aux dommages cellulaires. Les études concernant le profil des cytokines dans les maladies auto-immunes ont révélé la prévalence de cytokines type Th1 pro-inflammatoires dans les organes cibles des patients ayant des maladies auto-immunes spécifiques d'organes telles que la sclérodermie et la maladie thyroïdienne auto-immune et un profil de cytokine hétérogènes chez les patients ayant une maladie auto-immune systémique. Les études suggèrent que les cellules T produisant l'Interféron, requérant l'Interleukine 2 pour leur croissance, pourraient négativement réguler l'activation des cellules effectrices de la thyroïdite auto-immune expérimentale granulomateuse. L'induction de la thyroïdite auto-immune expérimentale granulomateuse sévère par l'Interleukine 12, requiert la thyroglobuline de la souris sensibilisée in vitro et n'est pas en rapport avec l'augmentation de l'induction de l'Interleukine 12 dans la production de l'Interféron. L'Interleukine 12 augmente de façon marquée la production d'Interféron mais n'induit pas la prédominance d'un phénotype dominant Th1 comme d'autres cytokines Th1 et Th2 ne sont pas généralement affectés et les cytokines Th2 étaient exprimés dans les thyroïdes réceptrices (Braley-Mullen, 1998). L'Interleukine 2 a été impliquée dans des affections variées concernant des processus immuno-pathogéniques (affections thyroïdiennes, polyarthrites rhumatoïdes, maladies dermatologiques, néphrites interstitielles), l'immunogénicité des cytokines est aussi d'un grand intérêt et la survenue d'anticorps se liant à l'Interféron, et l'Interféron, l'Interleukine 2, le granulocyte macrophage colony stimulating factor ont été rapportés (Descotes, 1995). Les affections lymphoprolifératives et les maladies auto-immunes ont certains aspects communs dans leur apparition clinique. Sur 421 lymphomes non hodgkiniens (230 hommes, 191 femmes), 32 (7,6%) avaient une maladies auto-immune (26 femmes, 6 hommes ; moyenne d'âge de 48,8 ans. Cependant, seules 3 thyroïdites étaient retrouvées. Or, sur 519 lymphomes hodgkiniens (308 hommes, 211 femmes), une maladie auto-immune était associée dans 45 cas (8,6%) (25 femmes, 20 hommes ; moyenne d'âge de 39,2 ans). Dans 31 cas, il s'agissait de maladies thyroïdiennes auto-immunes. La différence entre les patients ayant un lymphome hodgkiniens ou un lymphome non hodgkiniens, réside dans le fait que l'auto-immunité dans le lymphome non hodgkinien précède alors qu'elle suit dans le lymphome hodgkinien, principalement après le traitement. La périaortite chronique inclut la fibrose rétropéritonéale idiopathique, les anévrismes inflammatoires de l'aorte abdominale et la fibrose rétropéritonéale périanévrismale. Elle est considérée comme un stade avancé de l'athérosclérose mais souvent associée aux affections auto-immunes systémiques. L'étude consécutive de 16 patients ayant cette affection par la tomographie computérisée a permis de retrouver 3 patients ayant une thyroïdite auto-immune. L'examen des prélèvements aortiques et périaortiques a révélé l'infiltration inflammatoire sévère à modérée, principalement constituée de cellules B et de cellules T CD4. La vasculite et la nécrose fibrinoïde impliquant les vasa vasorums aortiques et les vaisseaux rétro-péritonéaux petits et moyens ont été observées chez 7 des 9 échantillons histologiques, supportant l'hypothèse que les caractéristiques cliniques et pathologiques chez au moins quelques patients, de la péri-aortite chronique, sont celles d'une maladie auto-immune systémique, impliquant un processus de vasculite des petits et moyens vaisseaux . Certaines affections telles que les maladies thyroïdiennes auto-immunes, affectent largement un seul organe, alors que dans d'autres telles que le lupus érythémateux systémique, elles affectent de manière hétérogène des systèmes d'organes . L'encéphalopathie répondant aux stéroïdes, associée à la thyroïdite auto-immune, est une complication connue des maladies thyroïdiennes auto-immunes. Pourtant, la caractérisation des traits histopathologiques de cette encéphalopathie est limitée à 6 cas. Les caractères pathologiques rapportés incluent la vasculite, impliquant les veinules et les artérioles, l'activation micro-gliale et les lymphocytes péri-vasculaires. La preuve biopsique en deux occasions a été apportée dans un cas de démyélinisation du système nerveux central primaire, avec évidence radiologique de la réponse aux stéroïdes, permettant d'identifier la démyélinisation primaire du système nerveux central comme une complication de la maladie thyroïdienne auto-immune . La vasculite est parfois absente, avec la notion d'un œdème des cellules endothéliales des petits vaisseaux. La signification clinique des anticorps anti-nucléaires détectés au stade précoce de la polyarthrite rhumatoïde, a fait l'objet d'études montrant que la maladie thyroïdienne est plus fréquente dans le groupe de polyarthrites rhumatoïdes négatives pour l'anticorps anti-nucléaire et nécessite des modalités thérapeutiques plus agressives, alors que le groupe ayant les anticorps anti-nucléaires présente davantage de plaintes douloureuses et un risque accru de vasculite et des effets latéraux à l'utilisation des médicaments. La cryoglobulinémie mixte est une vasculite systémique associée à l'hépatite due au virus C dans plus de 90% des cas et est fréquemment compliquée d'implication d'organes multiples. Les anomalies thyroïdiennes suivantes ont été significativement plus fréquentes chez les patients ayant une hépatite C associée à une cryoglobulinémie par rapport aux sujets témoins non porteurs de l'hépatite C : autoanticorps antithyro-per-oxydases sériques (28% contre 9%), p = 0,001) ; autoanticorps antithyro-per-oxydases et/ou antithyroglobulines (31% contre 12%, p = 0,004) ; hypothyroïdie subclinique (11% contre 2%, p = 0,038) ; autoimmunité thyroïdienne (35% contre 16%, p = 0,006). Les autoanticorps antithyro-per-oxydases sériques sont aussi significativement plus fréquents chez les patients ayant une hépatite C associée à une cryoglobulinémie mixte par rapport aux patients ayant une hépatite chronique C sans cryoglobulinémie mixte (28% contre 14%, p = 0,035). Aussi, la prévalence des affections thyroïdiennes est-elle accrue chez les patients ayant une cryoglobulinémie mixte en rapport avec une hépatite C, suggérant ainsi un monitorage soigneux de la fonction thyroïdienne chez ces patients (Antonelli, 2004). Les anomalies thyroïdiennes, particulièrement la maladie d'Hashimoto et les augmentations isolées des anticorps antithyroïdiens (antithyro-per oxydase) paraissent être beaucoup plus fréquents dans l'hépatite chronique C que dans celle due aux types B ou D, avec des titres élevés d'anticorps antithyroïdiens principalement chez les femmes. Le traitement par Interféron est associé au développement de la dysfonction thyroïdienne chez 5,5 à 12,9% des patients habituellement ayant des anomalies thyroïdiennes subcliniques préexistantes (Esteban, 1996). La cryoglobulinémie mixte est une vasculite secondaire aux dépôts d'immuns complexes circulants dans les petits vaisseaux. Dans un pourcentage limité mais significatif (15%) d'individus, la maladie se complique de malignité, par exemple lymphome à cellules B et moins fréquemment de carcinome hépato-cellulaire ou de cancer de la thyroïde. Les associations les plus clairement établies sont le lien entre l'hépatite C et la cryoglobulinémie mixte (et la vasculite cutanée ainsi que la glomérulonéphrite en rapport) aussi bien que la présence d'autoanticorps. Les affections moins documentées incluent le lymphome de Hodgkin, la sialoadénite de la thrombopénie, la maladie thyroïdienne, le lichen plan, la porphyrie cutanée tardive, les affections rhumatismales et neurologiques. Les manifestations extra hépatiques les plus fréquentes se rencontrent dans le sexe féminin, l'âge avancé, la cirrhose et l'infection de longue durée . L'implication rénale dans les maladies thyroïdiennes est un événement inhabituel. La vasculite associée aux anticorps anti-neutrophiles cytoplasmiques a été rapportée chez les patients traités par le propylthiouracil. La glomérulonéphrite membraneuse a été rapportée en association avec les anticorps thyroïdiens anti-microsomiaux et antithyroglobuliniques. Le développement de la glomérulonéphrite membraneuse pourrait être associé à l'administration d'iode . Pour élucider la relation entre les affections thyroïdiennes et les maladies rénales positives aux autoanticorps antineutrophiles cytoplasmiques, l'investigation de la prévalence des maladies thyroïdiennes chez de tels patients a abouti à 40% (4 patients sur 10) ayant une hypothyroïdie incluant deux patients avec hypothyroïdie subclinique et un patient en traitement substitutif hormonal thyroïdien. L'affection thyroïdienne, spécialement l'hypothyroïdie, ne devrait pas être une complication rare chez les patients ayant une maladie rénale positive aux anticorps anti-nucléaires cytoplasmiques à la myéloperoxydase (Tanaka, 1999). Les patients traités par le propylthiouracil peuvent développer une vascularite positive aux autoanticorps antinucléaires cytoplasmiques dans une forme sévère ou fruste. Dès lors, ils doivent être soigneusement suivis et faire l'objet de monitoring, non seulement pour leur statut thyroïdien, mais aussi pour les complications sérieuses du propylthiouracil . Un patient ayant une maladie de Basedow a développé un purpura fulminant et était positif aux anticorps anticardiolipidiques après avoir débuté un traitement au propylthiouracil posant le problème d'une interaction chez la femme de l'association propylthiouracil maladie thyroïdienne auto-immune . La vasculite leucocytoplasique, même si elle est rarement observée comme manifestation de l'allergie au propylthiouracil, elle est rapportée dans la littérature médicale et devrait être considérée comme un diagnostic différentiel avec les patients ayant un rash de vasculite . Un facteur déclenchant infectieux typiquement à l'origine muqueuse peut fréquemment être identifié chez les patients ayant une vasculite associée aux IgA spécialement ceux ayant le complexe symptomatologique de purpura de Henoch-Schonlein. La microscopie électronique pourrait distinguer les patients qui ont un facteur déclenchant infectieux de ceux n'en ayant pas. La vasculite associée aux IgA pourrait être le témoin de la présence de certains désordres sous-jacents dans lesquels il y a une dysrégulation immune ou une susceptibilité accrue au dépôt des complexes immuns . Le tableau clinique d'une pseudo thyroïdite subaiguë peut être le témoin d'une amyloïdose secondaire ou primaire dans le cadre d'une vasculite hypersensitive . La réactivité de l'anticorps dirigé contre la peroxydase thyroïdienne et la myéloperoxydase dans la thyroïdite auto-immune et la vasculite systémique, a été étudiée démontrant que ces deux molécules contiennent des épitopes en réaction croisée qui sont exposés dans les molécules dénaturées et pourraient causer des observations d'anticorps faussement positifs dans certaines réactions en phase solide . La glomérulonéphrite due au purpura de Henoch-Schonlein peut rentrer dans le cadre d'une thyroïdite subaiguë avec un rôle sérologiquement prouvé d'agent infectieux . Le traitement corticoïde n'a pas été efficace dans un syndrome néphrotique, avec hypocomplémentémie ; un infarctus sous- endocardique aigu étant survenu au 25e jour d'hospitalisation et le décès par syndrome de détresse respiratoire aiguë au 45e jour d'hospitalisation ; l'autopsie ayant révélé une vasculite leucocytoclasique de la paroi alvéolaire ; le syndrome de vasculite urticarienne hypocomplémentémique a pu être confirmé par les symptômes cliniques tel que l'iritis et l'éruption évocatrice d'urticaire, l'anticorps sérique anti Clq, l'absence d'anticorps spécifiques du lupus érythémateux systémique et la vasculite leucocytoclasique de la paroi alvéolaire . Dans 12 cas d'urticaire chronique avec des caractéristiques histopathologiques d'angéite allergique, leucocytoclasique, 5 étaient normocomplémentémiques, 7 hypocomplémentémiques ; tous étant des femmes, sauf 1 ; la lésion cutanée étant indistincte selon les deux groupes ; seul le second groupe avait une maladie associée (lupus érythémateux systémique), syndrome de Sjogren, syndrome de chevauchement Sjogren-lupus, maladie thyroïdienne auto-immune), l'urticaire était présent à l'installation de la maladie chez 4 patients et est apparu plus tard au cours de la maladie chez 8 autres patients. 5 patients avaient une maladie thyroïdienne (thyroïde d'Hashimoto ou maladie de Basedow), 2 d'entre eux étant mère et sœur . L'observation d'une thyroïdite avec urticaire chronique fait que le diagnostic de maladie thyroïdienne auto-immune (Maladie d'Hashimoto) sur la présence d'un goitre nodulaire, d'une dysfonction thyroïdienne, et de taux élevés d'anticorps microsomiaux thyroïdiens, a été le témoin de biopsies cutanées suggestives de vasculite leucocytoclasique avec, à l'étude immunologique, peu d'anomalies (titres bas d'anticorps anti-nucléaires et de facteurs rhumatoïdes),une négativité des complexes immuns circulants et un taux de complément normal. Le patient qui se plaignait de prurit sévère et de polyarthralgie, sans qu'une implication systémique ne survienne. La vasculite urticarienne n'étant pas antérieurement, en association avec la thyroïdite auto-immune, pour suggérer la possibilité d'une cause auto-immune de l'urticaire, or l'urticaire s'est améliorée et a disparu après traitement par lévothyroxine. La fréquente latence clinique de la thyroïdite amène à la recherche d'anticorps anti-microsomiaux circulants systémiques chez les femmes présentant en apparence une urticaire chronique idiopathique . La prévalence de 9 autoanticorps sériques étudiés chez 117 enfants ayant diverses affections du tissu conjonctif et 134 témoins normaux permet de conclure que chez l'enfant, la présence ou l'absence d'autoanticorps comme critère diagnostic, devrait être interprétée avec une grande précaution .

4 - <u>Perspectives</u> : La réaction en chaîne de la polymérase de type différentiel a été récemment décrite comme une technique pour identifier les gènes dont l'expression a changé durant un processus biologique. L'utilisation de cette méthode pour la détection des gènes dont la régulation dépend de la thyroid stimulating hormone dans une lignée de cellules thyroïdiennes de rat, se justifie ; en effet, la thyroid stimulating hormone est l'hormone la plus importante pour la prolifération et la différenciation cellulaire incluant la sécrétion pré hormonale de protéines dans les thyrocytes. Suivant cette expérimentation, les fragments de gènes régulés de façon dépendante par la thyroid stimulating hormone dans 15 espèces, ont pu être obtenus. Les gènes ont été utilisés dans l'analyse northern blot et séquencés. Deux des clones (# 123 et # 205) étaient surrégulés et deux autres (# 107 et # 111) étaient sous-régulés de façon dépendante par la thyroïd stimulating hormone dans les cellules thyroïdiennes comme démontré par l'analyse northern blot. Suivant le séquençage partiel, chacun des clones # 107, # 111 et # 205 sont apparus être homologues aux gènes en rapport avec l'apoptose, aldolase A, et collagène (IV) a-2 respectivement, alors que le clone # 123 ne montrait aucune homologie avec les gènes connus. Ces observations suggèrent que les 4 gènes susmentionnés pourraient avoir un important rôle de fonctionnement physiologique dans les thyrocytes qui sont sus ou sous-régulés de façon dépendante par la thyroid stimulating hormone . Plusieurs mécanismes sont probablement impliqués dans l'évolution de la maladie thyroïdienne auto-immune, eu égard, soit à l'hypothyroïdie et au syndrome clinique connu sous le nom de thyroïdite d'Hashimoto ou à l'hyperthyroïdie et le syndrome de maladie de Basedow. Dans la perspective de mieux pénétrer le mécanisme intime, l'analyse comparative et exhaustive de l'expression des molécules régulant la mort cellulaire (Fas, Fas ligand, [Fas L], Bcl-2) et l'apoptose dans à la fois les thyrocytes et les lymphocytes infiltrant la thyroïde (TILs) provenant de patients ayant soit une maladie de Basedow, soit une maladie d'Hashimoto, a permis de montrer que les thyrocytes de la maladie de Basedow expriment moins le Fas/Fas L que les thyrocytes de la maladie d'Hashimoto alors que les TILs de la maladie de Basedow ont les taux les plus élevés de Fas/Fas L que les TILs de la maladie d'Hashimoto. Les thyrocytes de la maladie de Basedow expriment les taux les plus élevés de la molécule anti-apopototique Bcl-2 comparés aux faibles taux détectés dans les thyrocytes de la maladie d'Hashimoto. Un profil opposé a été observé dans les TILs de la maladie de Basedow (taux bas de Bcl-

2) et de la maladie d'Hashimoto (taux élevés de Bcl-2). Les profils d'apoptose observés concordent avec la régulation Fas, Fas L et Bcl-2 décrite ci-dessus. Ces observations suggèrent que dans la thyroïde de la maladie de Basedow, la régulation de Fas/Fas L/Bcl-2 favorise l'apoptose des lymphocytes infiltrants possiblement en limitant leur potentiel auto-réactif et en altérant leur habilité à médier aux dommages tissulaires. Plus encore, les taux réduits de Fas/Fas L et les taux élevés de Bcl-2 devraient favoriser la survie du thyrocyte et favoriser aussi l'hypertrophie du thyrocyte associé à la stimulation par les immunoglobulines du fait du récepteur de la thyrotropine. En revanche, la régulation de l'expression de Fas/Fas L/Bcl-2 dans la maladie d'Hashimoto, fait la promotion de l'apoptose du thyrocyte, du dommage tissulaire et d'une réduction graduelle dans le nombre de thyrocytes conduisant à l'hypothyroïdie. Ces observations aident à définir les mécanismes moléculaires clés contribuant à l'issue clinique de l'auto-immunité thyroïdienne (Giordano, 2001). Bax et Bak d'un membre pro-apoptotique ne semblent pas être oligomérisés par la membrane mitochondriale après exposition à la céramide. Les taux élevés de céramide contribuent à la nécrose des cellules folliculaires thyroïdiennes et pourraient apporter une clé à la base moléculaire de la compréhension des voies de signalement de la thyroïde qui pourraient promouvoir le mécanisme apoptotique dans les cellules tumorales thyroïdiennes (Todaro, 2002). Le taxol induit des changements caractéristiques de l'apoptose de type clivage de la poly(ADP-ribose) polimérase et la procaspase, et l'altération de l'asymétrie membranaire seulement à l'intérieur d'étroites confrontations. L'importance de l'interprétation précautionneuse des effets biologiques du taxol dans les études de laboratoire va de pair avec la détermination des doses optimales de taxol pour réaliser une efficacité thérapeutique désirée dans les cancers thyroïdiens anaplasiques. De faibles doses de taxol augmentent la phosphorylation de Bcl-2 et conduit à la dégradation des taux soutenus ou accrus de Bax avec l'accumulation de survivine et d'un inhibiteur de l'apoptose lié au chromosome X. L'activation de la kinase terminale c-jun-NH (2) est essentielle à l'apoptose dans la cellule cancéreuse thyroïdienne anaplasique alors que la Raf/MAPK kinase/ERK et la phosphatidyl inositol-3-OH kinase/Akt sont vraisemblablement des mécanismes compromettant principalement les mécanismes de survie (Pushkarev, 2004). Chez le chien, dans la culture primaire des thyrocytes, la thyrotropine (TSH) à travers l'Amp cyclique, contrôle positivement la prolifération et la différenciation. Jusqu'à ce jour, les événements clés et les gènes impliqués dans l'action de la TSH, demeurent largement non caractérisés constituant ainsi des objectifs pour l'identification de l'expression différentielle de nouveaux gènes induits par la prolifération thyroïdienne due à la TSH. L'utilisation de certaines méthodes a permis de visualiser 105 transcripts montrant une expression différentiellement significative durant la stimulation du thyrocyte de chien par la TSH pour différents temps en présence d'insuline. Les analyses par la réaction en chaîne type polymérase inverse et le northern blot confirment le profil d'expression de 5 clones codant pour des protéines connues : thrombospondine 1, TNFr 1, RhoE, Ra 1B et Annexine A2. Ces régulations apportent une contrepartie moléculaire des effets physiologiques de la TSH : angiogenèse (diminution de la thrombospondine 1), diminution de l'apoptose (diminution de TNFr 1) et interruption du filament d'actine, macropinocytose et sécrétion d'hormones thyroïdiennes (diminution de RhoE).

DEUXIEME PARTIE : SYMBOLIQUE

ONOMATOPEE DES CASCADES MOLECULAIRES REGULATRICES

OU

LES BOUCLES DE FEED-BACK DU SIGNAL DANS LE METABOLISME MOLECULAIRE DES PEPTIDES REGULATEURS

Les boucles de feed-back sont habituellement décrites pour les cellules endocriniennes. Cependant, le développement de la médecine moléculaire a mis à jour des boucles de feed-back du signal dans les événements de la cellule non endocrinienne et dans un cadre du métabolisme moléculaire des peptides régulateurs. Notre objectif ici est de dégager les progrès notés dans quelques boucles de feed-back en médecine moléculaire.

I - PROGRES COMMUN POUR UN SIGNAL

1 – L'interféron

Un analogue de la purine, la 2 amino-purine rapportée comme agissant en tant qu'inhibiteur de la protéine kinase sélectivement et de façon réversible, de manière dose dépendante, bloque l'étape précoce de l'induction de l'interféron. Avec les cellules des embryons de poussins et de la souris L comme hôtes et différents inducteurs viraux de l'interféron, les effets maximaux de la 2 amino-purine ont été observés durant les premières 4 heures d'induction. A 10 mM de 2 amino-purine, il existait une réduction de 20 fois de la teneur en interféron à partir à la fois des 2 types de cellules. La 2 amino-purine et l'Actinomycine D préviennent ensemble l'induction de l'interféron dans les mêmes délais de temps indiquant un blocage transcriptionnel de l'induction ; pourtant, seule l'action du dernier était réversible à l'éviction du médicament. L'addition de 2 amino-purine sur l'étalement d'agarose aboutit à la formation d'une plaque efficiente par le virus de la stomatite vésiculaire type New Jersey (Hazelhurst) dans des conditions où l'induction endogène de l'interféron et l'action feed-back sur les cellules embryonnaires de poussins normalement a prévenu la formation de plaques. Deux autres systèmes inducibles représentant les gènes impliqués dans l'action de l'interféron (à la fois dans son développement et son activation) et d'autres de heat shock n'étaient pas affectés par la 2 amino-purine. Un modèle a été présenté impliquant l'ARN inducible de l'interféron dépendant de la protéine kinase comme un récepteur de l'induction de l'interféron qui sur l'interaction de l'ARN génère un signal amplifié via la phosphorylation qui de façon ultime déréprime le gène (s) de l'interféron .

L'interféron alpha seul ou combiné à d'autres anti-viraux a été extensiblement utilisé pour le traitement des infections virales du foie. Dès lors que le mécanisme moléculaire de l'action de l'interféron sur les cellules hépatiques et relativement peu caractérisé, l'étude de l'expression du gène induisant l'interféron et son signalement dans l'hépatome humain, lignée cellulaire HepG2 et HuH7 a été faite. La liaison de l'interféron à son récepteur de surface cellulaire spécifique conduit à l'activation de la tyrosine kinase de la famille de Janus (JAK) et au signal transducteur et activateur de la voie de transcription (STAT). Il a été observé que dans les lignées HepG2 et HuH7, les gènes inducibles de l'interféron sont surrégulés par l'interféron mais relativement de hautes concentrations de l'interféron alpha sont nécessaires pour faire tourner l'expression du gène MxA (un gène antiviral) et MxB. L'expression basale des ARNm du récepteur de l'interféron alpha (IFNAR1 et IFNAR2) de JAK1 et de TYK2 était tout à fait détectable et leur expression n'était pas significativement altérée par le traitement avec soit l'interféron alpha ou l'interféron gamma. Les cellules de l'hépatome possèdent de façon relative des taux faibles d'expression basale des molécules de signalement de l'interféron STAT1, STAT2 et p48, mais leurs expressions sont fortement surrégulées à la fois par les types d'interféron. Le pré-traitement de HepG2 et HuH7 avec de faibles doses d'interféron gamma suivi de la stimulation avec l'interféron alpha aboutit à une augmentation marquée de la formation des complexes ISGF3 de signalement spécifique de l'interféron alpha. Ces résultats indiquent des mécanismes de feed-back positif dans le système de signalement de l'interféron dans les cellules d'hépatome.

2 – Les suppresseurs du signalement des cytokines

Les membres des suppresseurs du signalement des cytokines (SOCS) constituent une famille de protéines jouant des rôles clés dans la régulation négative de la transduction du signal des cytokines. Une série d'études biologiques moléculaires et biochimiques élégantes a montré que ces protéines agissent dans une boucle de feed-back négative inhibant la voie de signalement des activateurs de transcription et des transducteurs du signal de la kinase Janus activée des cytokines (JAK/STAT) pour inhiber les réponses cellulaires. Même s'il existe une relation structurale des mécanismes précis de SOCS1, SOCS3 et de la protéine contenant SH2 inducible des cytokines (CIS), l'action varie. L'interaction directe des domaines SOCS SH2 avec les kinases JAK ou les récepteurs des cytokines permet le recrutement pour le complexe de signalement où ils inhibent l'activité catalytique JAK ou bloquent l'accès de STAT au site de liaison des récepteurs. Le trait définissant de la famille, domaine de la boîte C terminal SOCS apparaît non indispensable pour leur action mais vraisemblablement joue un rôle clé dans la régulation négative du signalement des molécules cibles associées aux protéines SOCS pour la dégradation. La pertinence des réponses de cytokines à la régulation médiée par SOCS a été apportée dans un faisceau pointu des phénotypes dramatiques de la souris à qui manquent ces régulateurs. Les rôles indispensables des membres de cette famille ont été bien identifiés dans la régulation de l'interféron gamma, de l'hormone de croissance et de l'érythropoïétine et l'absence de SOCS1 ou SOCS3 est léthale chez la souris.

Les suppresseurs du signalement des cytokines SOCS ont récemment été identifiés comme inhibiteurs du signalement des cytokines et des facteurs de croissance qui agissent via la voie des activateurs de transcription et des transducteurs de signaux (STAT)/la kinase Janus (JAK). Le signalement des cytokines médiés par JAK/STAT contrôle un certain nombre d'importantes réponses biologiques, incluant la fonction immune, la croissance cellulaire, la différenciation et l'hématopoïèse. La famille SOCS consiste en 8 protéines : OIS et SOCS1-SOCS7 qui contiennent un domaine SH2 central, un C terminus conservé référé comme la boîte SOCS et un unique N terminal. L'expression de SOCS1 à SOCS3 et 6 est induite par la stimulation des cytokines et des facteurs de croissance aboutissant à l'inhibition du signalement des cytokines médiés par JAK/STAT par ce qui apparaît être une boucle de feed-back négatif classique. Certains auteurs ont revu le signalement cytokines/facteurs de croissance par la voie JAK/STAT, la découverte de la famille SOCS, la régulation de l'expression de SOCS, les mécanismes d'action de SOCS et quelques études génétiques et biochimiques sur les investigations du rôle physiologique de SOCS dans la régulation de l'activité des cytokines .

. Le suppresseur du signalement de cytokines 1 (SOCS1) a été identifié comme un des régulateurs de feed-back négatif du signalement de l'activateur de transcription et de transducteur de signal (STAT) via Janus kinase (JAK). Aussi loin qu'il a pu être rapporté, SOCS1 inhibe l'action de multiples cytokines au moins in vitro. Il a été démontré antérieurement que SOCS1 supprime l'apoptose induite par le Tumor Necrosis Factor sur le fibroblaste embryogénique murin mais le mécanisme de suppression n'a pas été clairement identifié. Une étude démontre que les Jaks se lient au récepteur 1 du Tumor Necrosis Factor et sont activés par le Tumor Necrosis Factor alpha. Les activations des Jaks et des caspases par le Tumor Necrosis Factor alpha sont supprimées par SOCS1. Plus encore, dans les lignées cellulaires déficientes en JAK, la fragmentation de l'ADN et l'activation de caspase 8 par le Tumor Necrosis Factor alpha sont supprimés indiquant que les Jaks participent dans le signalement de l'apoptose induite par le Tumor Necrosis Factor alpha. Pris ensemble, ces résultats suggèrent que SOCS1 inhibe l'apoptose induite par le Tumor Necrosis Factor alpha à travers la régulation des Jaks .

3 – Le signalement du cytokine

L'inflammation progresse par l'action de cytokines pro inflammatoires, incluant l'interleukine 1, le Tumor Necrosis Factor, l'interféron gamma, l'interleukine 12, l'interleukine 18, le facteur stimulant la colonie macrophage granulocyte, et se résout par le cytokine anti-inflammatoire tel que l'interleukine 4, l'interleukine 10, l'interleukine 13, l'interféron alpha et le facteur de croissance transformant (TGF bêta). Les voies de transduction du signalement intra-cellulaire de ces cytokines ont été étudiées extensivement et ces voies activent de façon ultime des facteurs de transcription tels que le NF-Kapp-B, Smad, et STAT. Récemment, la régulation du feed-back négatif des ces voies a été identifiée. Une revue a été faite apportant des exemples de la relation entre la transduction du signal des cytokines, la régulation négative du signal et les modèles de maladies inflammatoires. Plus encore, l'illustration a été faite de plusieurs approches traitant des maladies inflammatoires en modulant les voies de signalement intra-cellulaires et extra-cellulaires .

L'interleukine 2, l'interleukine 4, l'interleukine 7, l'interleukine 9, l'interleukine 15 et l'interleukine 21 forment une famille de cytokines basés sur leur partage en commun d'une chaîne gamma du récepteur de cytokines communs, gamma (c) qui est muté dans l'immuno-déficience combinée sévère lié au chromosome X. Une étape vers davantage d'élucidation du mécanisme d'action de ces cytokines dans la biologie de la cellule T a pu être faite en comparant les profils d'expression du gène de l'interleukine 2, l'interleukine 4, l'interleukine 7 et l'interleukine 15 dans les cellules T en utilisant l'ADN. L'interleukine 2, l'interleukine 7 et l'interleukine 15 induisent chacune un groupe de gènes hautement similaires alors que l'interleukine 4 induit des gènes distincts en corrélation avec l'activation différentielle de protéines STATs par cette cytokine. Un gène induit par l'interleukine 2, l'interleukine 7 et l'interleukine 15 mais pas l'interleukine 4, était de spécificité duale par rapport à la phosphatase 5. Dans des cellules CTLL dépendantes de l'interleukine 2, il a été démontré que l'interleukine 2 induit une activité ERK-1/2 et étant inhibée par le type sauvage de spécificité duale par rapport à la phosphatase 5 mais augmentant de façon marquée par une forme inactive de spécificité duale par rapport à la phosphatase 5, suggérant un rôle de feed-back négatif de la spécificité duale en rapport avec la phosphatase 5 dans le signalement de l'interleukine 2. Ces observations apportent une vision dans les actions partagées versus distinctes par les membres de la famille gamma (c) de cytokines. Plus encore, certains auteurs ont identifié la voie régulatrice négative dépendante de la spécificité duale par rapport à la phosphatase 5 pour l'activité MAPK dans les cellules T .

Les types de cytokines de l'interleukine 6 IL-6, IL-11, LIF (facteur inhibiteur de la leucémie) l'oncostatine M (OSM), le facteur neutrophique ciliaire, la cardiotrophine-1 et la cytokine cardiotrophine like constituent une importante famille de médiateurs impliqués dans la régulation de la réponse à la phase aiguë de la lésion et de l'infection. A côté de leurs fonctions dans l'inflammation et dans la réponse immune, ces cytokines jouent aussi un rôle crucial dans l'hématopoïèse, la régénération hépatique et neuronale, la fertilité et le développement embryonnaire. La dysrégulation du signalement des cytokines de type IL-6 contribue à l'installation et au maintien de plusieurs affections telles que la polyarthrite rhumatoïde, la maladie inflammatoire intestinale, l'ostéoporose, la sclérose multiple et des types variés de cancer (par exemple le myélome multiple et le cancer de la prostate). Les cytokines du type IL-6 exercent leur action via le signal de transducteur glycoprotéinique gp-130, le récepteur de LIF, le récepteur de OSM conduisant à l'activation de cascades JAK/STAT (activateur de transcription et transducteur de signal/kinase Janus) et MAPK (kinase protéique activée mitogène). Des revues ont ciblé les récents progrès pour la compréhension du mécanisme moléculaire de la transduction du signal du cytokine de type IL-6 et l'on a insisté sur la terminaison et la modulation de la voie de signalement JAK/STAT médiée par les tyrosines phosphatases, les inhibiteurs du feed-back SOCS (suppresseurs du signalement des cytokines) et les protéines PIAS (protéines inhibitrices de l'activité STAT). Aussi, la réaction croisée entre la voie JAK/STAT et les autres cascades de signalement fait l'objet de discussions .

L'inflammation progresse par l'action des cytokines proinflammatoires incluant l'interleukine 1, le Tumor Necrosis Factor, l'interféron gamma et l'interleukine 6 et se résout par les cytokines anti-inflammatoires telles que l'interleukine 4, l'interleukine 10, l'interleukine 13, l'interféron alpha, le facteur de croissance transformant bêta (TGF bêta). Les voies de transduction du signal intra-cellulaire initiées par ces cytokines ont été extensivement étudiées. Ces voies, de façon ultime, activent les facteurs de transcription tels que le NF-Kappa B, Smad et STATs. Récemment, la régulation du feed-back négatif de ces voies médiée par les molécules telles que A-20, Smad 7 et les protéines de la famille CIS/SOCS a été identifiée. La régulation négative du signalement de cytokines est tout à fait importante pour l'inflammation .

Les macrophages sont des éléments essentiels du système immun qui orchestre l'activation et la sous-régulation des réactions inflammatoires, du remodelage tissulaire, des processus de guérison et de l'homéostasie tissulaire. Les macrophages ont à répondre à des signaux complexes spécifiques dans des conditions homéostatiques ou pathologiques. Pour retenir une réaction suffisante, les macrophages font l'usage d'une action co-opérative de multiples facteurs extra-cellulaires qui peuvent amplifier les activités nécessaires et supprimer celles qui sont indésirables. Cette co-opérativité est basée sur des réseaux de signalement en branchement complexe couplés à des boucles de feed-back négatif et positif ; la captation de ligand par des récepteurs, la sortie intra-cellulaire et les voies de sécrétion multiples. La dérégulation de la co-opérativité conduit à des situations pathologiques telles que l'inflammation chronique, l'allergie, l'initiation tumorale et la progression tumorale. La complexité du système fait qu'il est impossible de vérifier l'impact de chaque événement particulier moléculaire utilisant la méthodologie biologique moléculaire classique. Les modèles mathématiques de signalement et de voies de trafic membranaire utilisant les charpentes d'équation différentielle pourraient permettre une description qualitative et quantitative du comportement du macrophage dans les conditions simulant des situations pathologiques. Même si la construction de modèle nécessite d'importantes données quantitatives expérimentales, l'analyse du modèle utilisant les méthodes mathématiques permet l'identification des éléments cruciaux pour le système. Les modèles établis peuvent être utilisés pour simuler le comportement des macrophages sous différentes conditions et de prédire leur réaction in vivo. Les éléments cruciaux identifiés du système faciliteront l'isolement de marqueurs prédictifs/diagnostiques aussi bien que des cibles thérapeutiques potentielles.

4 – Le signalement de l'insuline

Dans les années récentes, un certain nombre de systèmes de réactions croisées ont été identifiés s'alimentant dans la cascade du signalement de l'insuline au niveau du substrat du récepteur de l'insuline voué à la phosphorylation de la tyrosine, par exemple les récepteurs ou non récepteurs des tyrosine kinases et des récepteurs couplés à la protéine G. Au niveau moléculaire, un certain nombre de systèmes de feed-back et modulateurs négatifs de l'interaction avec la sous-unité bêta (catécholamine, phorbol ester, ou Tumor Necrosis Factor alpha induisant la phosphorylation sérine/thréonine, carboxy terminal de la protéase thiol dépendante, association de protéines inhibitrices/régulatrices telles que RAD, PC1, PED, l'alpha 2-HS-glycoprotéine) ont été identifiés comme candidats au mécanisme pour l'altération de la fonction du récepteur de l'insuline par les élévations dans l'activité ou le taux des modifications correspondantes enzymes/inhibiteurs. A la fois la diminution de la réponse et de la sensibilité à la sous-unité bêta du récepteur de l'insuline pour l'auto-phosphorylation de la tyrosine induite par l'insuline a été démontré dans plusieurs modèles animaux et cellulaires de résistance métabolique à l'insuline aussi bien dans le tissu adipeux que dans le muscle squelettique des patients diabétiques et des obèses indiens Pima comparé à des sujets non obèses. L'induction de la cascade du signalement de l'insuline en court-circuitant la kinase du récepteur de l'insuline déficiente pourrait être utile pour la thérapie du diabète non insulino-dépendant. Durant les deux décennies passées, les phosphoinositol glycants (PIGs), d'origine variée, ont été démontrés comme exerçant de puissants effets insulinomimétiques métaboliques en incubation avec des cellules adipeuses ou musculaires isolées ou cultivées. Pourtant, il reste à élucider si ces composés actuellement managés pour déclencher le signalement de l'insuline et s'il en est ainsi à quel niveau de hiérarchie à l'intérieur de la cascade de signalement, le site d'interférence est localisé. Des études récentes utilisant des adipocytes de rats isolés et des composés PIG synthétisés chimiquement, dirigés vers la phosphorylation de la tyrosine du substrat du récepteur de l'insuline/3 par la kinase P59Lyn comme le site de la réaction croisée, la régulation négative de laquelle par une interaction avec la cavéoline est apparemment abrogée par PIG. Le mécanisme putatif est ainsi compatible avec l'hypothèse du signalement de la cavéoline récemment formulée, avec des arguments la supportant. Même si on n'a pas obtenu l'évidence expérimentale de l'implication de PIG dans l'action physiologique de l'insuline, la réaction croisée potentielle entre l'insuline et le signalement du PIG incluant l'enrichissement glyco-lipide insoluble détergent/cavéolé comme des compartiments où les composés du signalement correspondant sont concentrés, représentent ainsi de nouvelles cibles pour la thérapie du signal de transcription .

Le taux de glucose transporté dans les cellules est d'une importance fondamentale dans l'homéostasie corporelle entière et l'adaptation au stress métabolique faisant l'objet d'examens du mécanisme de signalement contrôlant de tels processus. Les événements qui font la médiation de l'action de l'insuline sur le transport du glucose qui est de loin le paradigme le mieux caractérisé pour la régulation du transport du glucose ont fait l'objet de discussions. Il y a plusieurs excellentes revues des aspects variés sur ce sujet qui illuminent les très récents développements dans ce champ incluant la voie CAP récemment décrite et les mécanismes émergents pour la régulation du feed-back du signalement de l'insuline. La manière par laquelle le signalement hormonal est modulé par des stimuli tels que le stress oxydatif et osmotique fait l'objet de discussions. L'événement physiologique majeur second où la régulation du transport du glucose est cruciale est la contraction du muscle squelettique du fait de la demande métabolique importante dans cette activité. Le mécanisme de cette régulation est distinct de celui initié par l'insuline et les développements récents font l'objet d'examens qui commencent à clarifier comment la contraction stimule le transport du glucose dans le muscle squelettique, incluant les rôles réalisés par la kinase protéinique activée de l'AMP et la synthase de l'oxyde nitrique .

Grb14 est un membre de la famille de Grb7 adaptateur adaptant et agissant comme un régulateur négatif du signalement médié par l'insuline. La protéine kinase Czeta (PKCzeta) protéine inter-agissante, ZIP, interagit avec Gerb14. La co-immuno-précipitation expérimentale démontre que ZIP se lie à la fois à Gerb14 et PKCzeta agissant comme un lien dans l'assemblage du complexe hétérotrimérique de PKCzeta-ZIP-Gerb14. Les études indiquent que ZIP interagit à travers un domaine ZZ zinc avec le récepteur phosphorylé de l'insuline interagissant dans la région (PIR) de Gerb14. PKCzeta phosphoryle Gerb14 dans les conditions in vitro et les cellules CHO-IR comme démontré par l'expérimentation in vivo. Plus encore, la phosphorylation de Gerb14 augmente sous la stimulation de l'insuline suggérant que le complexe hétérotrimérique PKCzeta-ZIP-Gerb14 est impliqué dans le signalement de l'insuline. Le PIR de Gerb14 qui aussi interagit avec le domaine catalytique du récepteur de l'insuline et inhibe son activité, était préférentiellement phosphorylé par PKCzeta. De façon intéressante, la phosphorylation de Gerb14 par PKCzeta augmente son effet inhibiteur sur l'activité de la tyrosine kinase du récepteur de l'insuline in vitro. Le rôle de ZIP et de Gerb14 dans le signalement de l'insuline a été davantage investigué in vivo dans les oocytes de xénopus laevis. Dans ce modèle, le ZIP potentialise l'action inhibitrice de Gerb14 sur la maturation induite de l'oocyte par l'insuline. De façon importante, cet effet nécessite le recrutement de PKCzeta et la phosphorylation de Gerb14 apportant les évidences in vivo pour une régulation de l'action inhibitrice de Gerb14 par ZIP et PKCzeta. Ensemble ces résultats suggèrent que Gerb14, ZIP et PKCzeta participent à une nouvelle voie de feed-back du signalement de l'insuline .

Le leptine, hormone dérivée de l'adipocyte et l'insuline, hormone dérivée de la cellule bêta pancréatique, fonctionnent chacune comme signaux afférents de l'hypothalamus dans une boucle de feed-back endocrine qui régule l'adiposité corporelle. Même si ces deux hormones et les récepteurs sur lesquelles elles agissent, ne sont pas liés et sont structurellement distincts, elles exercent des effets se chevauchant dans le noyau arqué, une aire hypothalamique clé impliquée dans l'homéostasie de l'énergie. Les défauts soit du signalement de la leptine ou de l'insuline dans le cerveau aboutissent à une hyperphagie, une homéostasie glucosée en désordre et une dysfonction reproductive. Pour expliquer ce chevauchement physiologique, l'hypothèse est que le signalement hypothalamique de l'insuline et de la leptine convergent sur une voie unique de transduction du signalement intra-cellulaire, connue comme la voie de la phosphatidylinositol-3 kinase du substrat du récepteur de l'insuline. Une variété de modèles de systèmes dans lesquels de telles réactions croisées entre le signal de transduction de la leptine et de l'insuline soit ont été observées soit peuvent être inférées, démontrant que à la fois la leptine et l'insuline activent le signalement de la phosphatidylinositol-3 kinase hypothamalique avec une signification qu'une telle convergence respecte la fonction neurologique sur les sujets normaux et les états pathologiques telle que l'obésité. L'identification des événements moléculaires précoces clés médiant l'action à la fois de la leptine et de l'insuline dans les neurones hypopthalamiques promet une nouvelle vision dans la régulation de ces neurones en santé et dans la maladie .

La compréhension courante de la régulation du signalement de l'insuline à la fois dans les conditions physiologiques et pathologiques à travers les modulations peut survenir à travers le regard sur les fonctions du substrat 1 du récepteur de l'insuline. Alors que la phosphorylation du substrat 1 du récepteur de l'insuline sur le résidu de tyrosine est nécessaire pour les réponses stimulées de l'insuline, la phosphorylation du substrat 1 du récepteur de l'insuline sur les résidus de sérine a un rôle dual, soit une augmentation ou une terminaison des effets de l'insuline. L'activation de la PKB en réponse à l'insuline propage le signalement de l'insuline et fait la promotion de la phosphorylation du substrat 1 du récepteur de l'insuline sur le résidu de sérine et en retour génère une boucle de feed-back positif sur l'action de l'insuline. L'insuline active aussi plusieurs kinases et ces kinases agissent en induisant la phosphorylation de substrat 1 du récepteur de l'insuline sur les sites spécifiques et inhibent ces fonctions. Ceci est une partie du mécanisme du contrôle de feed-back négatif induit par l'insuline qui conduit à la terminaison de son action. Les agents tels que les acides gras, les cytokines, l'angiotensine II, l'endothéline I, les acides aminés, le stress cellulaire et l'hyperinsulinémie qui induisent l'insulino-résistance conduisent à la fois à l'activation de plusieurs kinases sérines/thréonines et la phosphorylation du substrat 1 du récepteur de l'insuline. Ces agents régulent négativement les fonctions du substrat 1 du récepteur de l'insuline par la phosphorylation mais aussi via d'autres mécanismes moléculaires (expression de SOCS, dégradation du substrat du récepteur de l'insuline, glycosylation liée à O), la compréhension de la manière dont ces agents inhibent les fonctions du substrat 1 du récepteur de l'insuline aussi bien que l'identification de kinases impliquées dans ces effets inhibiteurs peuvent apporter de nouvelles cibles pour le développement de stratégies qui préviennent l'insulino-résistance.

Les receveurs diabétiques insulinodépendants de greffes de pancréas avec succès réussissent une sécrétion d'insuline se régulant elle-même et interrompt le traitement insulinique exogène. Pourtant, l'hyper insulinémie chronique, la sensibilité altérée à l'insuline se développent généralement. Pour déterminer si l'insulino-résistance est accompagnée d'altération du signal de transduction, des biopsies du muscle squelettique ont été effectuées chez les receveurs de transplantations rein/pancréas, les mêmes malades recevant des médicaments immuno-suppresseurs et des sujets sains avant et durant le clamp hyper insulinémique euglycémie. La phosphorylation en sérine 312 et sérine 616 du substrat 1 du récepteur de l'insuline basale, l'activité phosphatidylinositol-3 kinase associée au substrat 1 du récepteur de l'insuline et la phosphorylation régulée de la kinase (ERK)-1/2 du signal extracellulaire étaient élevées chez les sujets transplantés avec, de façon coïncidente, une hyperinsulinémie à jeun. La phosphorylation de la sérine 312 et de la sérine 616 du substrat 1 du récepteur de l'insuline basale était aussi élevée chez les transplantés non diabétiques. L'insuline augmente la phosphorylation de la sérine 312 mais pas de la sérine 616 élevée du substrat 1 de l'insuline chez un sujet sain avec altération notée chez les non diabétiques et des sujets transplantés rein/pancréas. L'action de l'insuline sur la phosphorylation ERK-1/2 et Akt était altérée chez les sujets transplantés rein/pancréas. De façon importante, la stimulation de l'insuline sur le substrat AS160 de Akt etait altérée chez les non diabétiques rénaux et les receveurs transplantés reins/pancréas. En conclusion, la résistance périphérique à l'insuline chez les receveurs transplantés rein/pancréas peut provenir d'une régulation feed-back négatif de la cascade du signalement de l'insuline canonique à partir d'une phosphorylation excessive de la sérine du substrat 1 du récepteur de l'insuline possiblement comme conséquence du traitement immuno-suppresseur et de l'hyperinsulinémie .

5 – Le signalement gonadotrope

Les peptides opioïdes endogènes ont été impliqués comme médiateurs dans l'action de feed-back négatif des stéroïdes gonadiques sur la sécrétion de Gnrh. Il a été démontré que la testostérone stimule l'expression du gène de POMC dans les neurones du noyau arqué. Pourtant, une large distribution et une variété d'actions ont été attribuées aux nombreux neurones de POMC du noyau arqué, suggérant que ces cellules peuvent être hétérogènes dans leurs réponses aux hormones stéroïdes. Le test de l'hypothèse que la testostérone module une population sélective de neurones de POMC à l'intérieur du noyau arqué du rat adulte mâle, a été effectué en comparant les niveaux de signal d'ARNm de POMC à travers le noyau arqué d'adultes mâles intacts, castrés, et castrés substitués en testostérone. Il n'existait pas de différence significative dans le signal de l'ARNm de POMC entre les animaux intacts et ceux castrés et substitués en testostérone dans l'aire la plus rostrale. Les neurones de POMC dans l'aspect le plus caudal du noyau arqué (75% du noyau) n'étaient pas affectés. Alternativement, il est possible qu'un réel changement dans le contenu du message du POMC dans une sous population de cellules soit obscurci par un très grand nombre de cellules ne répondant pas à l'intérieur des mêmes sections du tissu. En se basant sur cette observation, l'on peut conclure qu'il existe une population hétérogène de neurones de POMC dans le noyau arqué et que la testostérone régule l'expression du gène de POMC dans un groupe sélectif de ces cellules localisées dans la portion rostrale du noyau arqué .

Dans les gonadotropes pituitaires, la gonadotropine releasing hormone (Gnrh) active 3 cascades majeures de la protéine kinase activée mitogène (MAPK). Les MAPK jouent un rôle clé dans la transcription et l'activation des gènes répondant à la Gnrh. Les phosphatases de la MAPK (MKPs) sont des phosphatases protéiniques de spécificité duale impliquées dans la régulation feed-back de l'activité de MAPK. Les études antérieures indiquent que la Gnrh active l'expression de MKP-2 dans les gonadotropes dépendantes de l'activation de multiples signaux de MAPK et avec discrétion de Ca2+. Une meilleure compréhension du mécanisme transcriptionnelle de l'induction de MKP2 par la Gnrh a été étudiée avec l'activité du nucléotide 198 de MKP2 de la région promotrice proximale qui supporte la réponse de Gnrh sur les dosages de gènes rapportés. L'analyse fonctionnelle du promoteur de MKP2 a confirmé la nécessité d'une voie de kinase régulée par un signal extra-cellulaire (ERK) - protéine kinase C et de signaux calciques dérivés (Ca2+) de VGCC dans l'activation transcriptionnelle du gène MKP2. Pourtant, l'effet inhibiteur de la thapsigargine sur l'expression de la protéine MKP2 antérieurement identifiée n'était pas médié par le niveau de l'activation du promoteur suggérant un mécanisme distinct pour l'activation des signaux calciques Ca2+ sensibles à la thapsigargine. MGRE (éléments de réponse de la Gnrh MKP2) à l'intérieur du promoteur MKP2 fait la médiation de l'activation du promoteur à travers la voie protéine kinase C-ERK. La transcription par le zinc du facteur Egr-1 (protéine de réponse de croissance précoce) était identifiée dans le complexe liant MGR1. La liaison Egr1/MGR est induite par la Gnrh de manière dépendante de ERK. De plus, la surexpression de la protéine inter-agissant avec Egr, NAB1, aboutit à une augmentation de la transcription du gène MKP2 stimulée de la Gnrh. Ce qui est consistant avec le rôle putatif de Egr-1 dans la régulation du promoteur MKP2 est l'expression de la protéine Egr-1 corrélée étroitement avec l'expression de la protéine MKP2 dans les cellules T3-1 alpha. Ensemble, ces résultats suggèrent que Egr-1 pourrait être un facteur clé dans l'activation transcriptionnelle dépendante de Gnrh médiatrice du gène MKP2 .

Le décapeptide gonadotropin releasing hormone (GnRH) est un facteur primaire responsable du contrôle hypothalamique de la sécrétion gonadotrophine. Les stéroïdes sexuels gonadiques et l'inhibine inhibent la sécrétion de gonadotrophine via un feed-back à partir des gonades mais un neuropeptide inhibiteur de la sécrétion de gonadotrophine a été jusqu'à récemment inconnu chez les vertébrés. En 2000, l'identification de ce nouveau dodécapeptide hypothalamique qui inhibe la libération de gonadotrophines dans les hypophyses cultivées et dénommées gonadotrophin inhibitory hormone (GnIH) a été faite. Pour élucider son mécanisme d'action, l'on a identifié un nouveau récepteur couplé aux G protéines pour la GnIH chez l'animal. Ce récepteur de la GnIH possède 7 domaines transmembranaires et se lie spécifiquement à la GnIH. Le récepteur de la GnIH est exprimé dans l'hypophyse et plusieurs régions du cerveau incluant l'hypothalamus. Ces données indiquent que la GnIH agit directement sur l'hypophyse via un récepteur de la GnIH pour inhiber la libération des gonadotropines. La GnIH pourrait aussi agir sur l'hypothalamus pour inhiber la libération des GnRH. Pour démontrer la signification fonctionnelle de la GnIH et son potentiel rôle comme neuropeptide régulateur clé dans la reproduction aviaire, les actions de la GnIH sur le développement gonadique et son maintien ont été étudiées. Le traitement chronique par la GnIH inhibe le développement gonadique et son maintien en diminuant la synthèse et la libération de la gonadotropine. La GnIH a été retrouvée dans l'hypothalamus d'autres espèces aviaires incluant le perroquet et la poule et inhibe la synthèse de la libération de gonadotropine. La mélatonine hormone pinéale pourrait être un facteur clé contrôlant la fonction neurologique de la GnIH dès lors que les neurones de GnIH chez l'animal expriment le récepteur de la mélatonine et le traitement de la mélatonine stimule l'expression de l'ARNm de la GnIH et du peptide GnIH mature. Ainsi, la GnIH est capable de faire la transduction photopériodique de l'information par le biais de changements dans le signal de la mélatonine influençant alors l'axe reproductif. L'on peut conclure que la GnIH, un neuropeptide hypothalamique découvert nouvellement constitue un facteur clé contrôlant la reproduction aviaire. La découverte de la GnIH aviaire ouvre un nouveau champ de recherches dans la neuroendocrinologie reproductive.

6 – Signalement et phototransduction

La recovérine est une protéine de 23-kDa se liant au calcium Ca(2+) trouvée de façon prédominante dans les cellules photoréceptrices des vertébrés. Les études biochimiques et électrophysiologiques récentes suggèrent que la recovérine peut réguler la photoréponse en inhibant la phosphorylation de la rhodopsine. L'on a trouvé à la fois dans les homogénats des cellules et les systèmes reconstitués que l'inhibition de la phosphorylation de la rhodopsine par la récovérine survient après un seuil de calcium Ca(2+) libre beaucoup élevé significativement qu'antérieurement rapporté. L'inhibition maximale à moitié survient à 1,5-3 microM de calcium libre Ca(2+) et est coopérative avec un coefficient de Hill approximativement de 2. Les mesures d'activation de transducine démontrent que cette inhibition prolonge la durée de vie de la rhodopsine active catalytiquement. La récovérine liée au calcium Ca(2+) inhibe l'activité de la rhodopsine kinase et la liaison dépendante du calcium Ca(2+) de la récovérine aux segments extérieurs de la membrane n'est pas nécessaire à son action. L'extrapolation de ces observations in vitro dans les conditions in vivo basées sur les calculs de l'action de masse simple place la régulation de la récovérine liée au calcium Ca(2+) à l'intérieur d'un seuil physiologique de calcium Ca(2+) libre dans un segment extérieur intact. Ce travail est consistant avec un modèle dans lequel la chute du calcium libre Ca(2+) qui accompagne l'excitation exerce un feed-back négatif par l'inhibition de la phosphorylation de la rhodopsine .

De façon similaire aux hormones animales, les hormones des plantes classiques sont de petites molécules organiques qui régulent des processus physiologiques et de développement. Dans le développement, ceci implique la régulation de la croissance à travers le contrôle de la taille de la cellule ou sa division. Les hormones auxines et brassinostéroïdes modulent à la fois l'expansion et la prolifération de la cellule et sont connues pour leurs activités qui se chevauchent dans les tests physiologiques. Les analyses génétiques moléculaires récentes dans le modèle de plante arabidopsis suggèrent que ceci reflète l'action interdépendante et souvent synergique des deux voies d'hormones. De telles interactions de voies probablement surviennent à travers la régulation combinatoire de gènes cibles communs par la transcription contrôlée de facteurs d'auxines et de brassinostéroïdes. Plus encore, la biosynthèse et le signalement d'auxine et de brassinostéroïde et le transport d'auxine pourraient être liés par la connection émergente en amont impliquant le signalement calcium calmoduline et phosphoinositide .

7 – Le signalement calcique

Du fait de l'importance du Ca(2+) dans la régulation des fonctions tissulaires et cellulaires vitales, la concentration de Ca(2+) dans les fluides corporels est étroitement gardée par un système de contrôle de feed-back efficace. Ce système inclut les sous-systèmes transportant Ca(2+) et (OS, et rein), l'enregistreur calcique, possiblement un récepteur d'enregistreur calcique, les hormones régulant le calcium (hormone parathyroïde [PTH], la calcitonine (CT), et la 1,25-dihydroxyvitamine D3 (1,25 (OH)2D3]. Chez l'homme et les oiseaux, les perturbations aiguës de Ca(2+) sont contenues principalement par la modulation de la réabsorption de Ca(2+) rénal et par le flot de Ca(2+) osseux sous la régulation de la PTH et possiblement de CT respectivement. Les perturbations chroniques sont aussi contenues par une action régulatrice plus vigoureuse mais économique de la 1,25 (OH2)D3 sur l'absorption calcique intestinale. La sécrétion d'hormones peptidiques est modulée par le Ca(2+) et plusieurs sécrétagogues. Le signal des hormones est produit par l'interaction avec leurs récepteurs respectifs qui évoque les voies de transduction du signal de Ca(2+) par l'IP3 de la phospholipase C et l'AMPc. La 1,25 (OH) 2D3 père à travers un récepteur cytoplasmique dans le contrôle de la transcription et à travers un récepteur membranaire qui active le système messager du Ca(2+) et de la phospholipase C. Les hormones calciotropiques influencent les processus aussi directement en association avec la régulation de Ca(2+) telle que la différenciation cellulaire et peuvent ainsi affecter les sous-systèmes régulant le calcium aussi indirectement.

La protéine kinase II dépendante de Ca(2+) / Calimoduline multifonctionnelle (CaMKII) est activée par le Ca(2+) intracelluaire élevé (Ca(2+) (i), et la souris avec une inhibition transgénique d'un peptide inhibiteur CaMKII(AC3-1) de manière inattendue montre une durée de potentiel d'action diminuée. La souris Inh exhibe un courant (I(Ca)) Ca(2+) de type L, a cause de la surrégulation de l'activité de la protéine kinase A (PKA), et diminue la phosphorylation dépendante de CaMKIIde la phospholamdane (PLN). Il a été émis l'hypothèse que CaMKII est un signal moléculaire liant Ca(2+) (i) à la repolarisation. Les enregistrements du voltage clamp de la cellule entière révèle que le courant rapide transitoire extérieur (I (To,f) et le courant rectifiant interne (I(K1)) étaient sélectivement surrégulés dans Inh, comparé au type sauvage (WT) et la souris transgénique témoin. Le fait de distinguer les souris Inh de la souris manquant de PLN ramène I (to,f) et I(K1) aux niveaux témoins et régularise l'APD et les intervalles QT chez les souris Inh aux niveaux témoins et type sauvage (WT). La dialyse de AC3-1 dans les cellules sauvages (WT) n'aboutit pas à l'augmentation de I(to,f) ou I(K1), suggéran que la repolarisation cardiaque augmentée chez les souris Inh constitue une réponse adaptative à l'inhibition chronique de CaMKII plutôt qu'un effet aigu de l'activité réduite de CaMKII. L'activité PKA augmentée par la dialyse cellulaire avec l'AMPc, ou l'inhibition de PKA n'affecte pas I(K1) dans les cellules sauvages (WT). La dialyse des cellules sauvages (WT) avec l'AMPc réduit aussi I (to,f), suggérant que la surrégulation de PKA n'augmente pas les courants de repolarisation K(+) chez les souris Inh. Ces observations amènent de nouvelles évidences in vivo et cellulaire que CaMKII se lie à Ca(2+)(i) à la repolaristion cardiaque et suggère que PLN pourrait être une cible cruciale de CMKII pour la régulation de feed-back de l'APD dans le myocyte ventriculaire.

8 – Le signal de Hedgehog

Le profil des cellules dans le tube neural ventral est organisé par le Sonic Hedgehog (Shh) sécrété par les cellules plates du plancher. Pour évaluer l'éventail de l'action directe de Shh, une méthode générale a été développée pour le blocage de la transduction des signaux de Hedgehog (Hh) à travers l'expression ectopique d'une forme délitée du récepteur Patched de Hh (Ptc), dénommé Ptc (Deltaloop 2). Cette méthode a été validée dans la Drosophile et utilisée chez la souris Ptc1 (Deltaloop 2) mPtc1 (Deltaloop 2)) pour bloquer la transductin du Shh dans le tube neural du poussin. L'expression de mPtc1 (Deltaloop 2) cause des conversions ventrales à dorsales autonomes des cellules dans l'identité du progéniteur et dans le destin neuronal à travers le tube neural ventral, supportant un mécanisme de gradient dans lequel Shh agit directement et sur un large éventail. L'expression de mPtc1 (Deltaloop 2) cause aussi la dispersion anormale de Shh vers les cellules plus dorsales, indiquant que Shh dans le tube neural, comme Hh chez la Drosophile, induit son éventail d'action .

L'implication du signalement de Hedgehog dans l'initiation de la différenciation ostéoblastique dans la rotation de l'os durant la formation de l'os enchondral a été bien établie. Les étapes auxquelles le hedgehog agit durant la différenciation aussi bien que son mécanisme moléculaire d'action sont moins bien compris. Face à ces questions, l'on utilise la lignée cellulaire KS483 préostéoblastiques. D'abord, l'étude systématique de l'expression de l'ARNm de la différenciation ostéoblastique a montré l'expression de Ihh et les intermédiaires du signalement à toues les étapes. De façon intéressante, l'expression de Ihh, Gli1 et de Ptc1 a atteint un pic durant la phase de maturation. L'addition de hedgehog Sonic humain recombinante (rShh) augmente puissamment la différenciation ostéoblastique des cellules KS483 de façon dépendante de la dose comme testée par une augmentation modeste de l'activité de la phosphatase alcaline, une forte augmentation dans la minéralisation de la matrice et une expression de l'ARNm augmenté des gènes marqueurs de l'ostéoblaste établi. Ces effets étaient bloqués par le cyclopamine antagoniste de Hedgehog qui par lui-même était inefficace. L'addition de RShh durant les étapes précoces était suffisantes, alors que l'addition d'ostéoblastes matures n'avait aucun effet. Plus encore, le signalement de Hedgehog pourrait être complètement bloqué par les antagonistes de la BMP, la BMPR-IA tronquée soluble et de noggin. En revanche, la différenciation induite par BMP des cellules KS483 pourrait seulement être partiellement inhibée par des doses élevées de cyclopamine. Ces données démontrent que la différenciation ostéoblastique induite Hh nécessite le signalement de BMP fonctionnel. Dans les cellules KS483, Hh et MP de façon synergique induisent l'activité de la phosphatase alcaline seulement quand les concentrations suboptimales de BMP sont utilisées. Cette synergie ne survient pas au niveau de la réponse de BMP précoce immédiate, mais au niveau de la réponse de Hh comme déterminé par les études de transfection transitoires utilisant soit une information de BMP ou de Gli construite. De plus, rShh inhibe l'adipogénèse des cellules KS483 cultivées dans des conditions de culture adipogénique, suggérant que Hh est impliqué dans la direction de la différenciation des cellules KS483 vers les ostéoblastes aux dépens de l'adipogénèse. En utilisant l'hybridisation in situ, l'on a démontré pour la première fois, l'expression de l'ARNm de Ihh in vivo dans les ostéoblastes et les cellules de lignée dans l'humérus du squelette humain en développement. Ces observations in vitro et in vivo indiquent un rôle stimulateur de Ihh exprimé par les ostéoblastes dans la formation de l'os dans une boucle de feed-back positif. Il pourrait recruter les cellules progénitrices dans la lignée ostéoblastique aux dépens des adipocytes et il pourrait stimuler la maturation des ostéoblastes précoces.

9 – Le signal du VEGF

Le vascular endothelial growth factor (VEGF) est un important régulateur de la vasculogenèse et de l'angiogenèse. L'activation des récepteurs de VEGF conduit au recrutement de protéine contenant SH2 qui lie les récepteurs à l'activation des voies de signalement. Grb10 une protéine adaptatrice dont le rôle biologique demeure encore inconnu est phosphorylée en tyrosine en réponse au VEGF dans les cellules endothéliales (HUVEC) et dans les cellules 293 exprimant le récepteur KDR de VEGF. Un domaine intact SHz est nécessaire pour la phosphorylation de la tyrosine de Grb10 en réponse au VEGF, et cette phosphorylation est médiée en partie à travers l'activation du Src. Dans HUVEC, VEGF augmente l'ARNm de Grb0 dans son taux. L'expression de Grb10 dans les cellules HUVEC ou 293 exprimant KDR aboutit à une augmentation dans le taux et dans la phosphorylation de la tyrosine de KDR. Dans les cellules 293, ceci est corrélé avec l'activation des molécules de signalement, telle que la kinase MAP. En exprimant les mutants de Grb10, l'on trouve que l'action positive de Grb10 est indépendante de son domaine SH2. Plus encore, ces effets de Grb10 sur KDR semblent être spécifiques dès lors que GRb10 n'a pas d'effet sur le récepteur de l'insuline, et Grb2, une autre protéine adaptatrice, ne mime pas les effets de Grb10 sur KDR. En conclusion, il est proposé que VEGF surrégule le taux de Grb10, qui en retour augmente les molécules KDR, suggérant que Grb10 pourrait être impliqué dans la boucle de feed-back positif du signalement de VEGF .

Dans les modèles de développement vasculaire rétinien, la perte de péricyte cause une pathologie mimant l'œdème maculaire et la rétinopathie diabétique proliférative. L'angiopoéitine (Ang 1) secrété par les péricytes supprime le signalement intracellulaire induit par le stress oxydatif à travers les kinases de stress liées à l'apoptose cellulaire et normalise une telle pathologie rétinienne. Ceci suggère que l'action paracrine de l'Ang 1 dans les péricytes est nécessaire pour soutenir une vascularisation rétinienne normale et que le signalement intracellulaire déclenché par l'Ang 1 est utile pour le traitement de la pathologie cellulaire vasculaire associée à la perte de péricytes. Dans la rétinopathie diabétique et dans l'occlusion veineuse rétinienne, les vaisseaux rétiniens régressent sur la longueur avec l'apoptose cellulaire vasculaire rétinienne, et la rétine devient ischémique suivie d'une néovascularisation rétinienne pathologique. VEGF a été reconnu comme facteur prédominant pour induire la néovascularisation rétinienne ischémique. Les cellules vasculaires rétiniennes ont un profil caractéristique d'expression du récepteur de VEGF, qui cause une pathologie vasculaire plus fréquemment dans la rétine que dans les autres organes. La Neuropiline 1 (NRP1) qui augmente la fonction du récepteur de VEGF, est abondamment exprimée dans les cellules endothéliales rétiniennes et surrégulée par VEGF lui-même et par l'hypoxie pour réguler un mécanisme de feed-back positif dans la néovascularisation rétinienne. Ce récepteur pourrait être une cible unique pour la thérapie spécifique rétinienne. Les maladies liées au style de vie augmentent avec l'âge, et ont davantage augmenté du fait des changements du style de vie au Japon imitant les pays occidentaux. L'on a observé que le système rénine angiotensine qui régule l'hypertension et les affections cardiovasculaires et les adipocytokines qui sont anormalement sécrétés dans l'obésité, agissent comme des facteurs proangiogéniques. La régulation de tels facteurs de maladies liées au style de vie est importante pour le traitement des maladies vasculaires rétiniennes. Finalement, l'érythropoéitine constitue un facteur angiogénique induit par l'ischémie qui agit indépendamment et aussi puissamment que le VEGF dans la rétinopathie diabétique proliférative. Les études utilisant les échantillons de vitrée humaine démontrent que le taux de VEGF est particulièrement élevé et fortement associé à l'activité angiogénique chez les patients ayant une rétinopathie diabétique proliférative. Le potentiel des inhibiteurs de VEGF a récemment était reconnu dans les applications cliniques. La manipulation de chaque facteur angiogénique et de l'adipocytokine qui a été rapporté pourrait devenir une thérapie potentielle dans un futur proche .

10 – Le signal de PIK

Il est bien connu que les cellules GH3 sécrétant la GH et la Prolactine expriment la synthase de l'oxyde nitrique (nNOS) neuronal constitutive et produit l'oxyde nitrique (No*). En plus, ces cellules possèdent des récepteurs de prolactine (PRL) de la membrane plasmique qui peuvent être responsables pour un feed-back autocrine à courte boucle. Pour rechercher si l'activation des récepteurs de prolactine module l'expression de formes différentes du gène nNOS et les mécanismes de transduction impliqués dans cette action, une étude a été menée. Dans les cellules GH3, à la fois nNOS alpha contenant l'exon 2 et nNOS bêta dépourvu de l'exon 2 étaient exprimés de façon dépendante du temps, alors que les deux autres isoformes eNOS et iNOS n'étaient pas exprimés. Les anticorps dirigés contre les résidus 53-68 du domaine commun externe à la fois de la forme courte et longue des récepteurs de prolactine du rat et la cabergoline agoniste sélective D2 (1 nm) réduit à la fois les expressions induites de prolactine exogène et basales de nNOS alpha et nNOS bêta, mais à une plus grande étendue pour la forme bêta. Dans les lignées avec ces résultats, OPRL (1 et 10 microm) ajouté au milieu d'incubation augmente à une plus grande dimension l'expression de la forme nNOS bêta que nNOS alpha. Les inhibiteurs du récepteur et du non récepteur de la protéine tyrosine kinase (PTK), la genisteine (10 microm), l'inhibiteur PP2 de la tyrosine kinase spécifique de Src (100 microm), l'inhibiteur PD 098059 de la MAPK (50 nm) et les inhibiteurs PI3'-K, wortamine (300 nm) et LY-294002 (25 microm) préviennent l'expression induite de prolactine exogène et basale des isoformes de nNOS alpha et nNOS bêta. En plus, la prolactine exogène induit une phosphorylation de la protéine kinase B (PKB) (AKt) qui est prévenue à la fois par les deux inhibiteurs de la MAPK ; PD 098059 et U 126 et par les inhibiteurs PI3'-K wortamine et Ly-294002. La surrégulation de l'expression des 2 formes de nNOS exhibées par l'activation du récepteur de prolactine était reflétée par l'augmentation de la synthèse NO*. En conclusion, l'activation du récepteur de la prolactine surrégule l'expression à la fois des protéines nNOS alpha et nNOS bêta via les composantes de la transduction du signalement de PTK, PI 3'-K, MAPK et PK3. Cette action peut représenter le mécanisme moléculaire par lequel la prolactine exerce un feed-back à courte boucle sur sa propre sécrétion .

La lipide kinase de la phosphoinsotide 3-kinase (PI 3K) est activée en réponse à des signaux extracellulaires variés incluant les facteurs de croissance peptidique telle que l'insuline et les facteurs de croissance insuline like (IGFs). Le triphosphate du phosphatidyl-inositol [(PtdIns(3, 4, 5) P ((3)] généré par PI3K est central aux réponses diverses élicites par l'insuline, incluant l'homéostasie du glucose, la prolifération, la survie et la croissance des cellules. Les actions des phosphatases lipidiques ont été considérées comme étant les moyens principaux d'atténuation du signalement de PI3K. Récemment, pourtant, une autre voie de régulation de ¨PI3K a été identifiée dans laquelle PI3K elle-même est prévenue.

Ces observations, ensemble avec les résultats antérieurs, suggèrent que la forme majeure de l'inhibition du feed-back négatif de PI3K résulte du signalement de croissance activé via la cible des mammifères de la ripamycine (mTOR) et la P70 S6 kinase (S6K), une voie qui pourrait avoir des conséquences pour le développement du diabète de type 2 et le complexe de la sclérose tubéreuse .

11 – Le signal de Mig-6

Le signal du facteur de croissance de l'hépatocyte HGF/Met contrôle la migration, la croissance et la différenciation cellulaire dans plusieurs organes embryogénique et est impliqué dans le cancer humain. Les mécanismes physiologiques qui atténuent le signalement Met sont mal compris. Un mécanisme est décrit selon lequel le gène 6 inducible mitogène (Mig-6), aussi appelé Gène 33 et transducteur tardif associé au récepteur, régule négativement la migration cellulaire induite par HGF/Met. L'effet est observé par la surexpression de Mig 6 et est inversé par de petits Mig 6 interférant avec les expériences de spoliation d'ARN. Ceci indique que Mig 6 endogène est partie du mécanisme qui inhibe le signalement de Met. Les fonctions de Mig 6 dans les cellules d'origine hépatique et dans les neurones, qui suggère un rôle pour Mig 6 dans différentes lignées cellulaires. De façon mécanique, Mig 6 nécessite un site de liaison interactif Cdc42/Rac pour exercer son action inhibitrice qui suggère que Mig agit, au moins en partie, de façon distale de Met, possiblement en inhibant les GtPases rho-like. Du fait que Mig 6 est aussi induit par la stimualtion de HGF, les résultats suggèrent que Mig 6 est partie de la boucle de feed-back négatif qui atténue les fonctions de Met dans différents contextes et types de cellule (PANTE, 2005). Le gène cible mitogène (Mig 6) est un gène de réponse précoce immédiate codant pour une protéine adaptatrice non kinase. Le gène de Mig 6 a une expression qui peut être rapidement et de façon robuste induite sous des scénarii à la fois pathologiques et normaux par des facteurs incluant des hormones, des facteurs de croissance, et les stress. Pourtant le rôle précis de Mig 6 a virtuellement été un mystère jusqu'à récemment quand a été faite la découverte que Mig 6 peut jouer des rôles importants dans la régulation de la réponse au stress, le maintien de l'homéostasie dans les tissus telles que les articulations ou le muscle cardiaque, et le fonctionnement comme un suppresseur de tumeur. La découverte que Mig 6 agit comme un inhibiteur de feed-back négatif du signalement du récepteur de EGF à travers une interaction directe et physique avec le récepteur de EGF ouvre une porte pour la compréhension du mécanisme sous-jacent à la fonction de Mig 6. Maintenant, comment Mig finit par brûler ou intégrer la transduction du signal dans beaucoup de situations physiopathologiques demeure à être élucidé. L'on insiste sur les découvertes récentes sur le rôle de Mig 6 dans la réponse au stress, dans l'homéostasie du tissu, dans le développement du cancer, la régulation transcriptionnelle de l'expression de Mig 6, son mécanisme dans la régulation de la transduction du signal et le paradoxe dans ses modes d'action sous différentes conditions physiopathologiques .

II - PROGRES UNIQUE POUR UN SIGNAL

1 – Le signal de Smad

Les membres de la super famille du Transforming Growth Factor beta (TGF-bêta) sont des régulateurs cruciaux pour la croissance épithéliale et peuvent altérer la différenciation des kératinocytes. La transduction du signalement de TGF bêta dépend de la phosphorylation et de l'activation des protéines Smad par des complexes hétérodimériques des récepteurs I et II de type spécifique de ligand. Pour comprendre la fonction de TGF bêta et Smad spécifique de l'activine, l'on a généré une souris transgénique qui surexprime Smad 2 dans l'épiderme sous le contrôle du promoteur 14 de la kératine. La surexpression de Smad 2 augmente l'expression endogène des Smad 4 et de TGF-bêta alors que les hétérozygotes Smad 2 réduisent leur taux d'expression, suggérant une action concertée de Smad 2 et 4 dans la régulation du signalement de TGF bêta durant le développement de la peau. Ces souris transgéniques ont un retard de croissance pilaire, un sous-développement des oreilles, et de plus petites queues. Dans leur peau, il existe un épaississement de l'épiderme avec une architecture épidermique désorganisée, une membrane basale indistincte et une fibrose dermique. Ces phénotypes anormaux sont dus à la prolifération des cellules basales épidermiques et des anomalies dans le programme de la différenciation du kératinocyte. La structure cétodermique et de carapace est aussi anormale. Collectivement, l'étude présente la première évidence in vivo comme quoi en apportant un auto feedback dans le signalement de TGF bêta, Smad 2 joue un rôle pivot dans la régulation de l'homéostasie épidermique médiée par TGF bêta .

2 – Le signal de la MaPkinase

Le récepteur intracellulaire stimule la kinase ERK2 (p42 (MAPK) phosphorylé par l'AMPc humain de la phosphodiestérase spécifique PDE4D3 à la sérine 579 et profondément réduit (approximativement de 75%) son activité. Ces effets pourraient être inversés par l'action de la protéine phosphatase PP1. L'état inhibiteur de PDE4D3 engendré par la phosphorylation de ERK2, a été mimé par la forme de Ser 579 -- Asp mutant de PDE4D3. Dans les cellules COS1 transfecte pour exprimer PDE4D3, le challenge avec l'épidermal growth factor (EGF) cause la phosphorylation et l'inhibition de PDE4D3. Cet effet est bloqué par l'inhibiteur PD98050 de MEK et n'était pas apparent en utilisant la forme Ser 579 -- Asp mutant de PDE4D3 était augmenté par la phosphorylation de PKA. La forme transitoire d'inhibition induite par EGF de PDE4D3 est ainsi suggérée comme étant due à la fois à la régulation feedback par PKA causant l'ablation de l'inhibition induite pa ERK2 de PDE4D3. L'on identifie un nouveau type de réaction croisée entre le signalement de l'AMPc et ERK dans leur voie là où les stimuli cellulaires qui conduisent à l'activation de ERK2 peuvent moduler le signalement de l'AMPc. .

3 – Le signal de l'oxyde nitrique

Le tumor necrosis factor alpha circulant (TNF-alpha) a une influence stimulative profonde sur les kinases protéiniques activées mitogènes qui conduisent à l'activité du nucleor factor Kappa B (NF-Kappa B) et la transcription du gène de la cyclooxygénase 2 (COX-2) dans les cellules associées à la barrière sanguine cérébrale. L'investigation de l'hypothèse a été faite selon laquelle l'oxyde nitrique agit comme un modulateur endogène du signalement NF-Kappa B induit par TNF et la transcription de COX-2 dans l'endothélium des capillaires cérébraux. A cette fin, les rats ont été prétraités avec un inhibiteur non sélectif de l'oxyde nitrique synthase (NOS) N (G) – nitro-L- Arginine methyl ester (L-NAME) et tiré 15, 45 et 90 minutes (min) après injection IV de TNF alpha recombinant de rat.

L'expression de novo du facteur inhibiteur Kappa B alpha (I Kappa B alpha) a été utilisée comme index de l'activité de NF Kappa B alors que l'induction de l'ARNm de COX-2 était évalué à travers le cerveau par l'hybridisation in situ combinée avec l'immunohistochimie. Un bolus IV simple de TNF cause une expression du transcript de I Kappa B alpha premièrement le long des grandes artérioles et des petits capillaires et ensuite à travers la microglie dans le parenchyme cérébral. Le cytokine pro-inflammatoire provoque aussi une forte activation transcriptionnelle du gène de COX-2 qui était presque spécifique à l'endothélium cérébral comme révélé par l'étiquetage dual utilisant un autre sérum dirigé contre le facteur de Von Willebrand. L'inhibition de la synthèse de l'oxyde nitrique n'active pas par elle-même ces molécules pro-inflammatoires, mais elle augmente les effets du TNF alpha circulant dans la barrière sanguine cérébrale ; l'I Kappa B alpha et COX 2 ont un signal qui était significativement plus élevé dans les cellules associées à la micro-vascularisation des animaux qui recevaient à la fois L'NAME et TNF-alpha en traitement par rapport à ceux challengés avec le seul cytokine pro inflammatoire. Les rats traités avec les inhibiteurs spécifiques de NOS apportaient l'évidence selon laquelle ces effets étaient médiés via NOS constitutif endothélial (eNOS) et pas la forme inducible. Ces résultats indiquent que le NO dérivé de Enos agit comme un inhibiteur endogène de l'activité NF-Kappa B par TNF-alpha et la transcription dans l'endothélium des capillaires cérébraux. Ce feedback autorégulateur de NO sur ces événements de transduction du signal pro-inflammatoire pourrait être un élément essentiel pour prévenir une réponse exagérée qui prend place dans la barrière sanguine cérébrale durant les challenges du système immun .

4 – Le signal de l'oncostatine

Les sous-unités gp130 du récepteur des cytokines, le récepteur alpha du facteur inhibiteur de la leucémie (LIFR alpha) et le récepteur bêta de l'oncostatine M (OSM bêta) transducte les signaux de OSM qui régule l'expression du gène et la prolifération cellulaire. Après une liaison au ligand et l'activation des voies de transduction du signal de la protéine kinase activée mitogène et la kinase de la tyrosine protéinique de JANUS/STAT, les processus de feedback négatif sont recrutés. Ces processus atténuent l'action du récepteur par la suppression du signalement de cytokine et par la sous-régulation de l'expression de la protéine réceptrice. Une étude a démontré que dans les fibroblastes humains et les cellules épithéliales, OSM d'abord diminue le taux de gp130, LIFR alpha, et OSMR bêta par la dégradation du récepteur induite par le ligand et alors augmente les taux des récepteurs par une synthèse accrue. L'induction transcriptionnelle du gène de gp130 par OSM implique STAT3. Des variétés de lignées de celules exprimant les sous-unités récepteurs des différentes cytokines de la classe de l'interleukine 6 révèle que la seule dégradation de LIFR alpha est promu par EKR activé et que la dégradation de gp130, OSMR bêta et une fraction de LIFR alpha implique les mécanismes qui sont séparés du signal de transduction. Ces mécanismes incluent la dimérisation médiée par un ligand, l'internalisation, et la dégradation endosomal/lysosomal. La dégradation protésomale paraît impliquer une fraction de protéine de sous-unité du récepteur qui est ubiquitinisé indépendamment de la liaison du ligand .

5 – Le signal du Nodal

Le rôle de Lefty 2 dans le profil gauche-droit a été exploité chez la souris mutante qui manque d'expression asymétrique de Lefty 2. Ces animaux exhibent une variété de défects incluant l'isomérisme gauche. L'expression asymétrique de NODAL est prolongée et l'expression de Pit x2 est surrégulé dans les embryons mutants. L'absence de Lefty 2 confère à Nodal la capacité de diffuser sur une longue distance. Ainsi, les gènes répondant à Nodal, incluant Pit x2, qui sont normalement exprimé sur le côté gauche sont exprimés bilatéralement dans les embryons mutants même si l'expression de NODAL est confiné au côté gauche. Ces résultats suggèrent que NODAL est une molécule de signalement de large éventail mais que son éventail d'action est normalement limité par le feedback inhibiteur de Lefty 2 .

6 – Le signal du facteur neutrophique dérivé du cerveau

Une étude a été menée pour identifier les mécanismes moléculaires par lesquels l'exercice affecte une plasticité synaptique dans l'hippocampe, une aire cérébrale dont la fonction, l'apprentissage et la mémoire, dépendent de cette capacité. L'on s'est focalisé sur le rôle du facteur neutrophique dérivé du cerveau (BNDF) qui peut jouer en médiant les effets de l'exercice sur la plasticité synaptique. En fait, cet impact de l'exercice est modélisé par l'observation que BNDF régule les taux d'ARNm des deux produits finaux importants de la fonction neurale, par exemple la liaison de l'élément de réponse de l'AMPc (CREB) protéinique et la synapsine I. CREB et synapsine ont la capacité de modifier la fonction neurologique par la régulation de la transcription du gène et en affectant la transmission synaptique respectivement. Plus encore, BNDF est capable concurremment d'augmenter les taux d'ARNm à la fois lui-même et de son récepteur tyrosine kinase B (TrkB), suggérant que l'exercice peut employer une boucle de feedback pour augmenter les effets de BNDF sur la plasticité synaptique. L'utilisation d'une nouvelle méthode de blocage expérimental et réaction en chaîne de la polymérase avec transcription inverse pour la quantification de l'ARN, a permis d'évaluer la contribution des voies différentes de l'augmentation induite par l'exercice dans les taux d'ARNm de BNDF, TrkB, CREB, et synapsine I. L'on a constaté que même si BNDF fait la médiation de la plasticité hippocampique induite de l'exercice, de molécules additionnelles, par exemple la cascade de la protéine kinase activée mitogène, la réception de l'aspartate D-méthyl N, dis-calcium/calmoduline protéine kinase II modulent ses effets. Dès lors que ces molécules ont une association bien décrite à l'action de BDNT, les résultats illustrent un mécanisme basique à travers lequel l'exercice peut promouvoir la plasticité synaptique dans le cerveau adulte.

7 – **Le signal du récepteur de la leptine**

Alors que l'hormone de la leptine et son récepteur ont été découverts relativement récemment, de grandes données sont presque connues autour des détails moléculaires du récepteur de la leptine, son signalement et sa régulation physiologique. Alors qu'alternativement de multiples isoformes existent seulement, la forme longue (LRb) s'associe à la Janus kinase 2 (Jak 2) de la tyrosine kinase pour médier le signalement intracellulaire. LRb initie le signalement via trois mécanismes majeurs : 1, Tyr (985) de LRb recrute SH 2-containing tyrosine phosphaase (SHP-2) ; 2 Tyr (1138) de LRb recrute le transducteur signal et activateur de transcription 3 (STAT 3) ; et 3, le site de la tyrosine phosphorylation sur le récepteur associé à Jak 2 vraisemblablement recrutent de nombreuses protéines de signalement indéfini. La voie Tyr (985) --- SHP 2 est un régulateur majeur de l'activation de la kinase régulé par le signal extracellulaire (ERK) durant le signalement de la leptine dans les cellules cultivées, alors que la voie Tyr (1138) -- STAT 3 induit le feedback inhibiteur, suppressor of cytokine signaling 3 (SOCS 3), aussi bien que les effecteurs positifs important de l'action de la leptine. L'activation dépendante de JAK 2 de la protéine du substrat du récepteur de l'insuline ---- voie de la phosphatidylinositol 3 kinase (PI3'-K) paraît réguler le potentiel de membrane dans les neurones exprimant LRb et contribue à la régulation de l'alimentation. La Tyr (1138) -- voie STAT 3 fait la médiation de la régulation transcriptionnelle de la voie de la mélanocortine hypothalamique in vivo. Cette voie est nécessaire pour la régulation de l'appétit et de la dépense énergétique par la leptine. De façon intéressante, la Tyr (1138) --- voie STAT 3 ne régule pas fortement le neuropeptide Y (NPY) et ainsi il n'est pas nécessaire pour le contrôle de la reproduction et de la croissance .

8 – Le signal de l'aldostérone

La sécrétion d'aldostérone par les cellules de la glomérulosa est stimulée par l'angiotensine II (ANG II), le K (+) extracellulaire, la corticotrophine, et plusieurs facteurs paracrines. Les techniques biologiques moléculaires, fluorimétriques, électrophysiologiques ont clarifié significativement l'action moléculaire de ces stimuli. L'effet stéroidogénique dela corticotrophine est médié par l'adénylcyclase, alors que le potassium active le voltage des canaux Ca(2+) opérant. ANG II, lié à AT [1] par ses récepteurs, agit à travers le 1,4,5 triphosphate (IP3) de l'inositol du système Ca (2+) / Calmodulin. Tous ces trois types de récepteurs de IP [3] sont coexprimés, rendant un contrôle complexe de libération de Ca (2+) possible. La libération de Ca (2+) est suivi à la fois par l'influx capacitative et voltage Ca (2+) du canal TASK et l'ATPase Na (+)-K(+) et la dépolarisation suivante active des canaux calciques Ca (2+) type I (Ca (v)3,2). L'activation de la protéine kinase C par le diacylglycérol (DAG) inhibe la production d'aldostérone, alors que l'arachidonate libère DAG dans les cellules stimulés. ANG II est converti par la lipooxygénase en acide 12-hydroxyeicosatétraenoique qui peut aussi induire le signalement de Ca (2+). Les effets feedback et la réaction croisée des voies de transduction du signal sensibilisent les cellules de la glomérulosa aux stimuli de faible densité tels que les élévations physiologiques des concentrations de K(+) (<oa=1mM), ANG II, et ACTH. Le signalement calcique Ca (2+) est aussi modifié par l'œdème cellulaire, aussi bien que la désensibilisation du récepteur, la resensibilisation, et la sous régulation. La régulation à long terme des cellules de la glomérulosa implique la croissance cellulaire et la prolifération et l'induction des enzymes stéroïdogéniques. Le Ca(2+), le récepteur, et les non récepteurs tyrosine kinases et les kinases activées par le mitogène participent à ces processus. La phosphorylation dépendante de l'AMPc et le Ca (2+) induit le transfert du cholestérol précurseur stéroïde du cytoplasme à la menbrane interne mitochondriale. Le signalement Ca (2+), transfère dans la mitochondrie, stimule la réduction des nucléotides pyridine.

9 – Le signal du récepteur nucléaire

Les membres de la superfamille du récepteur nucléaire sont des facteurs de transcription régulée par ligand qui sont composés d'une série de domaines conservés. Ces récepteurs sont les cibles d'un large éventail de molécules de signalement lipophilique qui modèlent beaucoup d'aspects de physiologie et de métabolisme. La liaison aux ligands des récepteurs induit des changements conformationnels dans les domaines de liaison de ligand (LBD) qui crée une poche pour le recrutement de protéines corégulatrices, qui sont essentielles pour la régulation dépendante du ligand de transcription. Plusieurs protéines corégulatrices qui interagissent avec les récepteurs liés aux hormones contiennent des motifs LXXLL hélicoïdes connus comme boîtes de récepteurs nucléaires (NR). Généralement, la liaison au ligand aux récepteurs est associée à l'activation de transcription, et la plupart des protéines contenant la boîte de NR caractérisé jusqu'à ce jour sont co-activateurs. Pourtant, une pleine compréhension de la fonction des récepteurs liés aux hormones doivent aussi incorporer leur recrutement de compresseurs. L'identification récente du compresseur dépendant du ligand (LCoR) constitue un cas en vue. LCoR contient une boîte NR singulière qui fait la médiation de son interaction dépendante d'hormone avec plusieurs récepteurs nucléaires. Il fonctionne comme une molécule qui recrute plusieurs protéines qui fonctionnent dans la répression transcriptionnelle. De façon remarquable, même les deux protéines partagent seulement une homologie très limitée, LCoR et RIP140, un autre compresseur contenant la boîte du récepteur nucléaire recrutent les co-facteurs similaires impliqués dans la répression transcriptionnelle, suggérant beaucoup de parallèles dans leurs mécanismes d'action. Les compresseurs tels que LCoR et RIP140 peuvent agir transitoirement comme partie d'un cycle de co-facteurs recrutés pour cibler les promoteurs par les récepteurs liés au ligand, ou fonctionnent dans la répression de gènes cibles induites par l'hormone .

10 – Le signal de la réponse immune innée

Le système immun inné est ancien et hautement conservé. Il est la première ligne de défense et le seul système immun reconnaissable dans la vaste majorité des métazoaires. Les événements de signalement qui convertissent la détection pathogène en réponse de défense sont centraux dans l'immunité innée. La drosophile a émergé comme un organisme modèle très utile pour étudier cette régulation. L'activation de Relish membre de la famille NF-Kappa B par Dredd homologue de la caspase 8 est un signalement modulaire central mais encore mal compris dans la réponse dans la bactérie gram négatif. Pour identifier les gènes contribuant à cette régulation, l'on a étudié les ARN correspondant aux gènes conservés dans le génome de la Drosophile et utilisé cette ressource dans des détections d'interférence d'ARN large du génome. L'on a identifié de nombreux inhibiteurs et activateurs d'information immune dans un modèle de culture cellulaire. Les interactions épistatiques et les phénotypes définissent une hiérarchie de l'action du gène et démontre que le gène Sickie conservé est nécessaire pour l'activation de Relish. Un second gène, répresseur 1 de défense, code un produit avec des caractéristiques d'un inhibiteur de protéine d'apoptose qui inhibe la caspase Dredd pour maintenir la quiescence de la voie de signalement. L'analyse moléculaire révèle que le répresseur 1 Défense est surrégulé par Dredd dans une boucle de feed-back. L'on propose que l'interruption de cette boucle de feed-back contribue au signal de transduction .

10 – Le signal du Toll like receptor

L'ischémie cérébrale déclenche une inflammation, qui exacerbe le dommage cérébral primaire. L'activation du système immun inné est un composé important de cette réponse inflammatoire. L'inflammation survient à travers l'action de cytokines pro-inflammatoires, tels que le TNF, IL-1 bêta et IL-6, qui altère le flot sanguin et augmente la perméabilité vasculaire, conduisant ainsi à une ischémie secondaire et l'accumulation de cellules immunes du cerveau. La production de ces cytokines est initiée par le signalement à travers les récepteurs Toll-like (TLRs) qui reconnaissent les molécules dérivées de l'hôte libéré des tissus lésés et des cellules. Récemment, de grands progrès ont été faits dans la compréhension de la régulation du système immun inné, particulièrement les mécanismes de signalements de TLRs. Les inhibiteurs de feed-back négatif de TLRs et les cytokines inflammatoires sont maintenant identifiés et caractérisés. Il est ainsi évident que les groupes de lipides existent dans les membranes et jouent un rôle dans les événements de signalement inflammatoire médié par un récepteur. Il existe une similarité étonnante entre la tolérance ischémique et la tolérance endotoxinique, un état suppressif immun caractérisé par une hyporéponse aux lipopolysaccharides (LPS). L'inhibition de TLR et le signalement des cytokines proinflammatoires contribuent de façon cruciale à la tolérance ischémique dans le cerveau et les autres organes. La tolérance ischémique est un mécanisme de protection induite par une variété de stimuli préconditionnant. La tolérance peut être établie avec deux profils temporels : (i) une forme rapide dans laquelle le déclencheur induit la tolérance à l'ischémie durant des minutes et (ii) une forme retardée dans laquelle le développement de la protection prend plusieurs heures ou jours et nécessite une synthèse de protéine de novo. Cette forme rapide de tolérance est réussie par une interférence directe avec la fluidité de la membrane, causant l'irruption de groupes de lipides conduisant à l'inhibition des voies du signalement TLR/cytokine. Dans la forme retardée de tolérance, le stimulus préconditionnant d'abord déclenche les voies TLR/cytokine inflammatoire, conduisant non seulement à l'inflammation mais aussi à une surrégulation simultanée des inhibiteurs de feed-back de l'inflammation. Ces inhibiteurs qui incluent les inhibiteurs du signalement des récepteurs frontaux, et des cytokines anti-inflammatoires, réduisent la réponse inflammatoire à un épisode subséquent d'ischémie. Cette nouvelle interprétation du mécanisme moléculaire de la tolérance ischémique illumine de nouvelles avenues pour des investigations futures dans la prévention et le traitement de l'accident vasculaire cérébral et les maladies en rapport .

12 – Le signal de la génération du profil du follicule chevelu primaire

Les follicules chevelus sont séparés à part l'un de l'autre à intervalle régulier à travers la peau. Même si les follicules sont prédominemment des structures épidermique, les expériences de recombinaison de tissus classiques indiquent que le tissu sous-jacent définit leur localisation durant le développement. Même si beaucoup de molécules impliquées dans la formation du follicule pilaire ont été identifiées, les interactions moléculaires qui déterminent la propriété émergente de la formation du profil restent élusives. En utilisant les cultures de peau embryonnaire pour disséquer les réponses de signalement et les issues de profil comme la peau spatialement s'organise, l'un a trouvé que le récepteur cétodysplasine (Edar) de la protéine morphogénétique osseuse (BMP), ont un signalement et des interactions transcriptionnelles qui sont centrales à la génération du profil de follicule pileux primaire, avec restriction de la réponse, plutôt que la localisation d'un ligand inductant, étant la clé conductrice de ce processus. L'avantage de ce mécanisme de profilage est un feed-back positif rapide d'Edar dans l'épiderme couplé à l'induction au BMP4/7 dermique. Les BMPs en retour répriment l'Edar épidermique et ensuite le sommet du follicule. L'activation d'Edar induit aussi le facteur de croissance du tissu conjonctif, un inhibiteur du signalement de BMP, permettant l'action de BMP seulement à distance de leur site de synthèse. Consistant avec ce modèle, l'hyper activation transgénique du signalement d'Edar conduit à la surproduction éparpillée des follicules pilaires. Ce mécanisme d'inhibition – activation d'Edar-BMP paraît opérer le long d'un préprofil labile, suggérant que la stabilisation médiée d'Edar des foyers actif bêta cetenine est un événement clé dans la détermination des localisations folliculaires définitives .

13 – Le signal du cycle de l'oestrus

Durant le cycle de l'oestrus et au commencement de l'oestrus, la glande mammaire subit un développement ressemblant à la grossesse qui dépend de la régulation transcriptionnelle par les récepteurs œstrogène et progestérone (ER, PR) et Pax-2 aussi bien que l'action des facteurs de croissance Wnt-4 et RANKL. L'on a décrit pour la première fois l'absence et le retard d'expression de ER alpha, PR, Pax-2, protéinique aussi bien que la dépression coïncident de l'ARNm de Wnt 4 et RANKL avec le pic fort d'œstrogène en prooestrus. Dans les études au cours du temps des souris ovariectomisées, une injection d'œstrogène unique réplique ces retards et aux retards de 18 h dans l'expression de Wnt-4. Les systèmes de délai temporel moléculaire sont à l'intérieur des cycles cellulaires, plus notamment l'horloge circadine et dépend de la dégradation du protéasome et des régulateurs transcriptionnels qui exhibent les fonctions de durées dédicacée. Les dynamiques cytoplasmiques de ces régulateurs gouvernent la durée du délai à travers des boucles de feed-back négatif transcription/translation. Un inhibiteur du protéasome, PS-341, bloque ER alpha stimulé par l'œstrogène, PR e Pax-2 absent et l'activité chromotryptique du protéasome, testé avec un substrat fluorogénique était élevé en prooestrus en corrélation avec la déplétion des facteurs de transcription. Le délai de 18 h dans l'induction de Wnt-4 correspond au temps de turnover de la protéine Pax-2 dans le cytoplasme et est éliminé dans les tissus mammaires déplétés de Pax-2, démontrant que Pax-2 a une fonction unique de turning. Les profils du turnover de ER alpha, PR, Pax-2 déclenchés par l'œstrogène sont constants avec un feed-back transcriptionnel négatif. Le retard de l'expression de ER alpha, PR et Pax-2 peuvent optimiser les préparatifs pour la grossesse en coordonnant l'expression des récepteurs critiques et des facteurs de transcription avec l'élimination des taux d'oestrogènes et de progestérone dans l'oestrus. Le pic d'œstrogène en proestrus n'a pas de fonction mammotrophique définie. L'étude apporte pour la première fois l'évidence que c'est un turnover dépendant du protéasome déclenchant le signal synchronisant de ER alpha, PR, Pax-2 de la glande mammaire. Il a été émis l'hypothèse selon laquelle les délais reflètent un système de turning antérieurement non reconnu qui est présent dans tous les tissus ovariens.

14 – Le signal de la protéine kinase C

Récemment, il a été démontré que dans les cellules cancéreuses du sein humain, l'activation de la protéine kinase C par l'acétate 13 du myristate 12 du phorbol bêta 4 (PMA) produit des céramides formés à partir de la voie sauvage. L'on a recherché les événements de signalement intracellulaire faisant la médiation de cette nouvelle voie activée de génération de céramides. Le traitement de PMA aboutit à l'activation transitoire des kinases protéiniques activées mitogènes (ERK ½, JNK A/2 et p 38), suivi de l'inactivation / déphosphorylation. De façon intéressante, la fumonisine B1 (FB1), un inhibiteur de la voie sauvage, atténue la perte de la phosphorylation de P38, suggérant un rôle pour la céramide dans la déphosphorylation de p38. Ceci a été confirmé par la déplétion d'assurance à la longévité, qui partiellement supprime la formation de C(18)-céramide induite par PMA et augmente la phosphorylation de p38. Ces résultats démontrent un rôle de la voie sauvage dans le feed-back d'inhibition de p38. Pour déterminer le rôle de la protéine phosphatase agissant dans cette voie la déplétion spécifique des phosphatases protéiniques sérine / thréonine a été réalisée et il a été observé que les sous-unités catalytiques de protéine phosphatases 1 (PP1) déplété significativement augmente la phosphorylation de p38 suggérant l'activation de PP1 aboutit à un effet inhibiteur de p38. Plus encore, PMA recrute les sous-unités PP1 catalytiques vers la mitochondrie et ceci étant significativement supprimé par FB1. En plus, la phospho-p38 réside dans la mitochondrie stimulée par PMA. Sur le traitement PMA, une fraction purifiée/enrichie mitochondriale exhibe une augmentation de C(18) céramide, un espace de céramide majeur qui est supprimé par FB1. Pris ensemble, ce travail suggère que l'accumulation de C[16] céramide dans la mitochondrie fourni à partir de la voie sauvage dépendante de la protéine kinase aboutit à au moins en partie à l'action de l'homologue 4 d'assurance à la longévité et la céramide module la cascade p38 via PP1 .

15 – Le signal de ras

La cascade RTK-Ras-ERK est un modèle de signalement central impliqué dans le contrôle de processus biologique divers incluant la survie, la différenciation et la prolifération cellulaire. Le couplage RTK à Ras est médié par le facteur d'échange spécifique du nucléotide de Ras, Son of Sevenless (SOS), qui active Ras par l'induction de l'échange de GDP pour GTP. Une évidence considérable indique que la durée et l'amplitude des signaux de Ras sont importantes comme déterminants dans le contrôle de l'issue biologique. Pourtant, les mécanismes qui régulent la sortie quantitative du signalement de Ras demeure mal compris. Un composant régulateur non reconnu a été défini dans la machinerie qui spécifique les propriétés des signaux propagés à travers la cascade RTK-Ras-ERK. L'établissement d'une boucle de feed-back positif impliquant Ras GTP et SOS conduit à l'augmentation de l'amplitude et la durée de l'activation de Ras en réponse à la stimulation de EGF. Cet effet est propagé dans les éléments d'aval de la voie comme reflété par la phosphorylation ERK induite par EGF soutenu et augmente la transcription dépendante de SRE. Comme conséquence le point final physiologique de l'action d'EGF est interverti à partir de la prolifération vers la différenciation. L'on propose que l'engagement de la boucle de feed-back positif Ras/SOS peut contribuer au mécanisme par lequel la stimulation du ligand est couplé à des réponses biologiques discrètes .

III – <u>CONCLUSION</u>

Les peptides régulateurs ont le caractère de régulation avec boucles de feed-back faisant évoquer une « endocrinie » dans les cellules en dehors du système endocrinien stricto-sensu. L'intérêt réside dans une physiologie pertinente qui peut augurer l'intervention en médecine holistique avec la description de quelques 25 boucles à ce jour définissant un certain trafic cellulaire.

RESUME

Les boucles de feed-back sont habituellement décrites pour les cellules endocriniennes. Cependant, le développement de la médecine moléculaire a mis à jour des boucles de feed-back du signal dans les événements de la cellule non endocrinienne et dans un cadre du métabolisme moléculaire des peptides régulateurs. Notre objectif ici est de dégager les progrès notés dans quelques boucles de feed-back en médecine moléculaire. Exemple d'onomatopée moléculaire :

La lipide phosphatase SHIP2 (Src homology 2 (SH2) – containing inositol 5-Phophatase 2 J a été montrée comme étant un régulateur négatif crucial physiologiquement du signalement de l'insuline. Il a été étudié le mécanisme moléculaire par lequel SHIP2 régule négativement la phosphorylation induite par l'insuline de Akt, une molécule clé d'aval de l'importante phosphatidylinositol 3 kinase pour l'action biologique de l'insuline. La surexpression du type sauvage de SHIP2 (WT-SHIP2) inhibe la phosphorylation induite par l'insuline de Akt à la fois la Th2 (308) et Ser (473) dans les fibroblastes Ras 1 exprimant le récepteur de l'insuline. Le degré de l'inhibition était moindre dans les cellules exprimant soit un mutant de SHIP2 avec un changement R47Q (R/W-SHIP2) dans le domaine SH2, ou un mutant SHIP2 avec Y98F changé (Y/F-SHIP2) dans le site de phosphorylation tyrosine C terminal. Pourtant, en addition d'un signal de myristoylation, WT-SHIP2,R/Q SHIP2 et Y/F SHIP2 tous inhibent efficacement la phosphorylation Akt induite de l'insuline à la fois avec deux résidus, alors que le mutant défectif 5'phosphatase SHIP2 (delta IP-SHIP2) avec signal de myristoylation ne le faisait pas. De façon intéressante, le degré d'inhibition de la phosphorylation de Akt par R/Q-SHIP2 et Y/F-SHIP2 est bien corrélé avec l'étendue de leur association avec Shc. En plus, la surexpression de WT-Shc augmente l'association induite par l'insuline de SHIP2 avec Shc, alors qu'une diminution du taux de Shc sur expression d'antisense de l'ARNm de Shc conduit à la réduction de l'association de SHIP2-Shc. Plus encore, l'effet inhibiteur de la phosphorylation de Akt induite par l'insuline par WT-SHIP2 est diminué dans les cellules antisense Shc. Ces résultats indiquent que la localisation membranaire de SHIP2 avec son activité 5'phosphatase est nécessaire pour la régulation négative de la phosphorylation Akt induite de l'insuline et que la localisation est régulée au moins en partie par l'association de SHIP2 avec Shc dans les fibroblastes Rat 1 ;

Les peptides régulateurs ont le caractère de régulation avec boucles de feed-back faisant évoquer une « endocrinie » dans les cellules en dehors du système endocrinien stricto-sensu. L'intérêt réside dans une physiologie pertinente qui peut augurer l'intervention en médecine holistique avec la description de quelques 25 boucles à ce jour définissant un certain trafic cellulaire.

MOTS- CLES : ENDOCRINOLOGIE MOLECULAIRE – MEDECINE MOLECULAIRE – PEPTIDOLOGI

<u>TROISIEME PARTIE : SYNTHESE</u>

OPUSCULE DE SYNTHESE :

CONTRIBUTION A LA THYROIDOLOGIE GENERALE

LA GLANDE THYROIDE ET SES PEPTIDES OU

LA REALITE DE L'ENDOCRINOLOGIE GENERALE

<u>RESUME</u>

De nombreux peptides par leur métabolisme moléculaire dans la cellule de la glande thyroïdienne, sont impliqués : les mutations du récepteur de la TSH sont source de résistance à la TSH avec hypothyroïdie congénitale. Un nouveau peptide orexigène, la Ghrelin, est diffus dans l'organisme et avec la tachykinine autre nouveau peptide facteur endocrine paracrine ; le PTTG et FGF-2 sont des marqueurs pronostiques des cancers thyroïdiens différenciés ; le CRIF1 est une nouvelle protéine du noyau qui interagit avec Gadd45 et peut jouer un rôle dans la régulation négative du cycle cellulaire de progression et de croissance ; les mutations de RET protooncongène sont devenues le marqueur du cancer médullaire de la thyroïde supplantant la calcitonine à laquelle il faut ajouter le CGRP, le CGRPβ et l'amyline ; des protéines régulatrices liant l'AMP cyclique, la protéine G, Gi alpha 1, la protéine protéolipidique MAL sont identifiées à côté d'antigènes immunologiques actifs dans la Maladie de Basedow, les polyendocrinopathies autoimmunes. Ces peptides, par la diversité de leur fonction, argumentent en faveur du concept d'endocrinologie générale équivalente de sciences médicales sociales et philosophiques.

MOTS-CLES : SCIENCE MEDICALE / ENDOCRINOLOGIE GENERALE / PEPTIDE / THYROIDOLOGIE / SCIENCE SOCIALE / PHILOSOPHIE

THYROID GLAND AND ITS PEPTIDES OR ACTUALITY

OF GENERAL ENDOCRINOLOGY

SUMMARY

Many peptides by their cell molecular metabolism in the thyroid gland are involved: mutations of TSH receptor is linked to hormone resistance with congenital hypothyroidism; a new oroxigenic peptide, Ghrelin is widespread in endocrine tissues; tachykinin is another novel peptide with endocrine paracrine effect. PTTG and FGF-2 are prognostic markers of differentiated cancers; CRIF1 is a novel protein of nucleus interacting with Gadd45 and could negatively regulate cycle cell progression and cell growth; mutations of RET proto-oncogene is now the best CMT biomarker in the place of calcitonin in addition with CGRP, CGRPβ and Amylin; regulating proteins of CAMP, protein G, Gi alpha 1, MAL proteolipid are identified near immunologic antigens involved in Grave's disease, autoimmune polyendocrinopathies.

These peptides by their diversity of function support the concept of general endocrinology equivalent of medical, social, and philosophical sciences.

KEY WORDS : MEDICAL SCIENCE / GENERAL ENDOCRINOLOGY / PEPTIDE. / THYROIDOLOGY / SOCIAL SCIENCE / PHILOSOPHY.

L'endocrinologie (Etude des glandes) peut inclure le métabolisme des peptides de ces glandes grâce aux progrès de la biologie moléculaire. Ici, notre réflexion a porté sur la glande thyroïde.

1 – Hormones et peptides

Le récepteur mutant de la TSH, source de résistance à la TSH, est cause d'hypothyroïdie congénitale avec glande in situ. Récemment, la présence d'oligomères formées par les récepteurs mutants et de type sauvage dans le réticulum endoplasmique a représenté la base moléculaire de l'effet négatif dominant des récepteurs mutants de la TSH inactive. Il s'agit de la première description liant des mutations négatives dominante d'un récepteur couplé à la protéine G, à un phénotype endocrinien anormal chez des patients hétérozygotes .

La Ghrelin est un peptide gastrique impliqué dans le contrôle de l'absorption alimentaire et la libération de l'hormone de croissance chez l'homme et les mammifères, dans les cellules d'un système endocrinien diffus incluant l'hypophyse, la thyroïde, les poumons, le pancréas, la glande surrénale et les intestins ; ceci dès la vie fœtale et aussi bien dans le placenta que les gonades. Son rôle oroxigène s'accompagne d'effets paracrines de l'axe cerveau/estomac et dans le développement de tumeurs endocriniennes

La Tachykinine est une nouvelle molécule peptidique dont le précurseur a un gène exprimé dans les neurones du ganglion cérébral, les petites cellules intestinales et la zone 7 dans l'endostyle qui correspond à la glande thyroïde des vertébrés. Son ARN messager est retrouvé dans trois tissus en plus des gonades, préjugeant de son rôle dans le comportement sexuel et l'alimentation comme peptide de l'axe cerveau/estomac et molécule endocrine/paracrine.

La carboxypeptidase H est l'une des nombreuses protéines dont beaucoup sont des enzymes, par exemple la glutamic acid decarboxylase (GAD), la 37-40 K tyrosine phosphatase (ICA 512, IA2/IA2 bêta) qui ont été proposées comme auto antigènes des îlots impliqués dans la pathogenèse du diabète insulinodépendant (diabète de type 1). Les séquences provenant des îlots et de la thyroïde sont identiques et différents de ceux du cerveau seulement par l'absence d'un deuxième ATG dans la région prédite 5' non codante. L'analyse Northern Blot révèle la présence d'un transcript 2.5 Kb identique dans les îlots, la thyroïde et le cerveau. La confirmation de l'existence d'un seul isoforme de carboxypeptidase H dans le cerveau et les tissus endocriniens facilite les recherches expérimentales pour élucider le rôle de la carboxypeptidase H comme autoantigène.

2 – Protéines régulatrices et peptides

Le CRIF1 est une nouvelle protéine clonée qui correspond au CR6-interacting factor 1 qui interagit avec la famille de protéines Gadd45 qui inclut Gadd45 alpha, MyD118/Gadd45 bêta, et CR6/OIG37/Gadd45 gamma. L'ARN messager de CRIF1 est fortement exprimé dans la glande thyroïde, le cœur, les ganglions lymphatiques, la trachée, et les tissus surrénaliéens. CRIF1 est une nouvelle protéine du noyau qui interagit avec Gadd45 et pourrait jouer un rôle dans la régulation négative de la progression du cycle cellulaire et de la croissance de la cellule .

Les hormones glycoprotéiques, ACTH, TSH, FSH et LH régulent diverses fonctions dans les cellules endocrines. Même si pendant longtemps, l'AMP cyclique et le PKA ont été considérés comme médiateurs spécifiques des évènements de signalement intracellulaire incluant la transcription de gènes spécifiques par le biais du complexe CREB-CBP, des observations récentes indiquent que le PKA ne compte pas pour toutes les cibles intracellulaires de l'AMP cyclique. L'identification de protéines nouvelles se liant avec l'AMP cyclique qui exhibent une activité guanine nucléotide exchange (GEF) (CAMP – GEFS ; E pacs) a ouvert de nouvelles portes pour l'action de l'AMP cyclique qui inclut l'activation de petites GTPases telles que Rap1a, Rap2 et possiblement Ras. Ces GTPases sont connues comme activatrices de l'activation de la TSH en aval de la PKB et SgK, une FSH indicible kinase pouvant survenir par le biais de cette voie alternative de l'AMP cyclique qui implique les CAMP-GEFs et l'activation de la voie PI3-K/PDK1 .

Les sous-unités alpha des protéines G stimulatrices et inhibitrices, Gs alpha et Gi alpha, activent les signalements transmembranaires impliqués dans le contrôle de la prolifération des cellules. Le mode d'expression des sous types Gi alpha et les réponses prolifératives médiées par Gi-alpha dans la thyroïde humaine montrent que les sous-types Gi transmettent les stimuli de croissance dans la thyroïde humaine. L'expression constitutive de Gi alpha-1 dans l'adénome autonome peut permettre la stimulation non régulée de la prolifération des cellules de la thyroïde par une voie de signalement non encore identifiée et conséquemment en rapport avec la croissance autonome des cellules de la thyroïde .

Le protéolipide MAL, une protéine de la membrane intégrale exprimée par les lymphocytes T, les cellules MDCK épithéliales polarisées, les cellules formant la myéline, est une composante des microdomaines de la membrane riche en glycolipide interne (GEM) ayant un rôle dans les cellules épithéliales de la thyroïde.

3 – <u>Immunoantigène et Peptides</u>

Les réactions croisées de 7 des anticorps explorés dans l'épithélium folliculaire de la thyroïde suggèrent l'existence de déterminants antigéniques communs dans différents organes endocriniens et pourraient partiellement expliquer la réponse autoimmune d'organes multiples observée chez les patients ayant des maladies polyendocriniennes.

La présence d'une variété d'antigènes dans deux types de vésicules endocrines isolées (granules chromaffines et vésicules sécrétoires des cellules parafolliculaires de la thyroïde), grâce à la recherche par immunoblotting, concerne 3 protéines sécrétoires des 2 types de vésicules (la chromogranine A, la chromogranine B et la sécrétogranine II) et six antigènes de membranes communs (cytochrome b-561, carboxypeptidase H, glycoprotein II, glycoprotein III, synaptin, synaptophysin, et SV2) démontrant que les vésicules obtenues des cellules endocrines dérivées de la crête neurale non seulement partagent plusieurs peptides et protéines sécrétoires communs, mais aussi ont des propriétés communes aussi loin que leurs antigènes membranaires sont concernés

L'auto-immunité contre le récepteur de la TSH est connue comme étant la cause immédiate de l'activation thyroïdienne dans la maladie de Basedow, mais est restée non définitivement liée aux manifestations extra-thyroïdiennes de cette affection, comme l'ophtalmopathie et le myxoedème prétibial. Des résultats sont en faveur de l'hypothèse que l'immunité contre le récepteur de la TSH et les protéines reliées, contribue à l'ophtalmopathie de la maladie de Basedow .

4 – <u>Cancer et Peptides</u>

Le cancer médullaire de la thyroïde se développe dans les cellules C de la thyroïde qui sécrètent un polypeptide de 32 acides aminés, découvert en 1962 et dénommé calcitonine dont la sécrétion est stimulée par le calcium, plusieurs hormones gastro-intestinales avec la notion d'une augmentation de la 1,25-dihydroxyvitamine D et l'os trabéculaire (réversible après chirurgie) chez les porteurs de cancer médullaire de la thyroïde .

Le gène de la calcitonine a été découvert en 1981 comme donnant l'alpha CGRP ; le bêta CGRP provient d'un second gène et le CGRP like peptide, amyline, a été identifié en 1986 (Schifter, 1997). En fait, le gène CGRP (calcitonin gene related peptide) est une unité de transcription complexe qui est exprimée dans un mode fortement restreint à la fois dans le système nerveux, et particulièrement dans le ganglion sensoriel et les cellules souches cérébrales, et dans les cellules C de la thyroïde du système endocrinien, avec une spécificité tissulaire liée à des événements du processus de l'ARN alternatif générant des transcriptions codant soit l'hormone, calcitonine, ou le neuropeptide CGRP. Il a été identifié un élément potentialisateur complexe, localisé à plus de 1 kilobase 5' du site d'initiation de la transcription du gène de la calcitonine/CGRP qui fonctionne dans les cellules neuronales ou cellules C d'origine, mais pas dans aucun autre type de cellule testée .

Le RET protooncogène peut connaître des mutations dans le codon 634 et être la cause de mutations dans 80% des néoplasies multiples endocriniennes de types 2 A et 50% des cancers médullaires thyroïdiens familiaux .

Dans les carcinomes folliculaires-médullaires mixtes dont 40 cas étaient rapportés en 2000, les cellules folliculaires pourraient avoir pris croissance dans le carcinome médullaire, après avoir acquis quelques défauts moléculaires, devenant l'otage d'une vraie composante néoplasique (médullaire) .

Les cancers thyroïdiens différenciés sont les cancers endocriniens des plus fréquents, sans que l'on ne dispose de marqueurs moléculaires valables pour le pronostic. Le PTTG (pituitary tumor transforming gene) joue plusieurs rôles potentiels dans l'initiation, la progression tumorale incluant la régulation de mitose et l'expression stimulante de FGF-2 (fibroblast growth factor-2). Il apparaît que le PTTG et le FGF-2 ont une expression de potentiels marqueurs pronostiques (et peut-être de cibles thérapeutiques) pour le cancer thyroïdien différencié .

5 – Conclusion

Le métabolisme moléculaire des peptides de la cellule de la glande thyroïde montre des relations entre la thyroïde et le reste de l'économie humaine (cœur, poumons, intestin, os, estomac, cerveau, œil, rein, placenta, gonades...). Ce fait est en faveur du concept d'endocrinologie générale équivalente de sciences médicales.

6 – Notes scientifiques et philosophiques

L'endocrinologie a deux yeux : la cellule et la physiologie qui permettent une expression métabolique aussi significative que la sémiologie. Le métabolisme est une sémiologie des molécules ; à côté de la macro sémiologie classique, il faut compter avec la micro sémiologie moléculaire, le langage des cellules, l'onomatopée du gène, la symphonie des cascades moléculaires (Sidibé, 1984 ; 1986). La biologie prédictive et la biologie préventive restent ans le cadre de la médecine prédictive et de la médecine préventive pasteuriennes et claude-bernardiennes toujours hippocratiques. La thyroïdologie est l'étude de l'expression endocrinienne et métabolique du thyrocyte dans ses modalités moléculaires, cliniques et sociales .

DEUXIEME RUBRIQUE

SEMIOLOGIE CLINIQUE ANALYTIQUE

COMMENTAIRES

Si de multiples travaux ont individualisé le classique myxoedème, ce n'est que récemment, dans les pays développés que des progrès ont été réalisés dans le diagnostic précoce et dans le diagnostic étiologique.

En effet, la biologie a permis de saisir précocement les formes frustes, partielles, dissociées ou à expression viscérale ou systémique pure grâce à des tests biologiques précis et fidèles. Dans le domaine étiologique, la certitude est acquise qu'une thyroïdite atrophiante d'origine autoimmune est responsable d'un grand nombre d'hypothyroïdie de l'adulte, autrefois étiquetée idiopathique.

Sur le plan thérapeutique, la panoplie médicamenteuse est amplement diversifiée : non seulement des composés hormonaux synthétiques ont pris place à côté des béta-bloquants mais constitue surtout un progrès substantiel. Par contre, dans les pays sous équipés, particulièrement en Afrique, malgré de nombreuses recherches de type épidémiologique sur le goitre endémique, très peu de travaux ont été consacrés à l'hypothyroïdie primaire de l'adulte (**5, 6**). Cette pauvreté de la littérature nous a amené à colliger 24 observations d'hypothyroïdie périphérique de l'adulte diagnostiquée dans le service de Médecine Interne des trois formations hospitalières de Dakar en 14 ans et d'en comparer les données avec celles de la littérature ; plusieurs commentaires pouvaient être dégagés de cette étude.

I - SUR LE PLAN EPIDEMIOLOGIQUE

A - LA FREQUENCE

Nos 24 cas d'hypothyroïdie périphérique colligés entre 1969 et 1983 parmi 45.774 malades hospitalisés en Médecine Interne dans les trois principaux hôpitaux dakarois, représentent seulement 0,05% des malades médicaux. On peut s'étonner du faible pourcentage de malades atteints d'hypothyroïdie dans un pays dont une au moins des régions naturelles est une zone d'endémie goitreuse. Notons deux faits surprenants :

- Pendant la même époque, 37 cas d'hypothyroïdie d'origine centrale (dont des maladies de Sheean) soit 0,08% ont été diagnostiqués : l'hypothyroïdie d'origine centrale serait donc plus fréquente chez l'adulte que l'hypothyroïdie périphérique. Nous rappelons que chez l'enfant, les 7 cas qui font l'objet du travail inaugural de A. TALL ont été observés à la Clinique Pédiatrique de l'Hôpital A. LE DANTEC du 1er janvier 1960 au 31 décembre 1980.

- A l'hôpital Abass NDAO, où la consultation de Médecine Interne ne fonctionne pourtant que depuis 4 ans, on dénombre 13 cas recrutés à partir de 2.218 malades, soit une prévalence de 0,58% contre 0,02% à l'hôpital A. LE DANTEC entre 1972 et 1975 à l'hôpital Principal, soit globalement 0,05%. La disparité des prévalences entre les hôpitaux Abass NDAO et Principal d'une part et la consultation de l'hôpital Abass NDAO d'autre part, tient au caractère spécialisé de cette dernière.

En effet, une exploration thyroïdienne isotopique dans une série de 439 cas de dysthyroïdie a permis d'observer 27 cas d'insuffisance thyroïdienne dont 15 d'origine périphérique (3,4% des dysthyroïdies) ce qui porte à croire que l'affection est moins rare que ne le laissent croire ces chiffres.

Ailleurs en Afrique, très peu de statistiques hospitalières se rapportent à l'hypothyroïdie primaire. Des études déjà anciennes mettent l'accent sur la rareté de l'affection au sein des populations africaines mais en dehors des zones d'endémie goitreuse. En effet, les études consacrées au goitre endémique font état des chiffres plus élevés : au cours de cette affection, la fréquence de l'hypothyroïdie est variable en fonction des critères cliniques et biologiques utilisés: 10% des femmes cliniquement patentes à l'Est du Congo actuel Zaïre, 0,05% seulement au Tchad, 0,1% au Nord Ouest de la Côte d'Ivoire. Mais si l'on se réfère au taux de Protein Bound Iodine inférieur à 4 microgrammes pour 100 ml, la fréquence passe à 56% à l'Est du Congo actuel Zaïre, 65% en Kabylie en Algérie (dans ce dernier pays, 35% de la population générale ont un taux de thyroxinémie abaissé.

En Europe et aux Etats-Unis, l'hypothyroïdie périphérique semble beaucoup plus fréquente tant en milieu hospitalier que dans la population générale. Dans la population générale, la fréquence varie selon les auteurs et les pays entre 3,5 et 8%. Cette plus grande fréquence de l'hypothyroïdie périphérique dans les pays occidentaux est certainement liée à une meilleure couverture sanitaire et surtout à un diagnostic plus précoce grâce à des tests biologiques. Ainsi, tant qu'on s'en est tenu en Europe à des critères cliniques, la fréquence y était de 0,04% en 1947 ; par contre lorsque l'on a pris comme critère un taux basal élevé de TSH plasmatique en 1972, la fréquence est passée à 8%. Ces chiffres et ceux que nous avons recueilli à la consultation de l'Hôpital Abass NDAO justifient des enquêtes épidémiologiques, ou tout au moins le renforcement des moyens biologiques de diagnostic.

B - LA REPARTITION SELON L'AGE ET LE SEXE

L'âge de nos malades varie de 20 à 80 ans avec un âge moyen de 45,6 ans. Au moment du diagnostic, 79% des malades ont plus de 30 ans avec un pic d'incidence entre 40 et 50 ans, confirmant ainsi la constatation que l'hypothyroïdie primaire adulte prédomine entre la cinquième et la sixième décennie : l'âge moyen est de 41 ans selon MULAISHO et SHARIEFF, de 45 ans selon BARON. WATANAKUNAKORN et Collaborateurs rapportent un pic d'incidence dans la 6è décennie dans la série de 400 cas. L'âge moyen est de 42 ans chez les femmes et de 56 ans chez les hommes dans notre étude où 19 malades sur 24(79%) appartiennent au sexe féminin, soit un sex ratio de 3,8/1. Cette prédominance féminine est retrouvée dans toutes les études antérieures tant en Afrique que dans les pays occidentaux: le sex ratio varie de 5 à 9 selon les auteurs.

C - LE FACTEUR ETHNIQUE

L'étude de la répartition selon l'ethnie (ou l'origine géographique) ne montre aucune particularité chez nos malades : elle reflète approximativement celle de la population dakaroise .

Tableau n I : **Répartition selon l'ethnie chez nos malades et dans la population dakaroise**

	Ouoloffs	Lébous	Peuhls	Sérères	Toucouleurs	Malinkés	Total
Hypothyroïdie	41,4%	13,7%	13,7%	13,7%	9 %	4,5%	100%
Population dakaroise	43,6%	7,8%	5 %	9,6%	12,7%	0,3%	

Cependant, nous avons noté que contrairement à l'étude de MULAISHO et SHARIEFF en Zambie où les autochtones ne représentent que 11% des malades, la majorité de nos malades (91%) est d'origine sénégalaise.

D - LE NIVEAU DE VIE

L'hypothyroïdie périphérique est retrouvée dans toutes les classes sociales du pays. Comme le montre la fréquence sensiblement égale de l'affection à l'Hôpital Principal réservé (aux agents de l'Etat et aux fonctionnaires) et l'Hôpital LE DANTEC (où les indigents prédominent).

En résumé

Les données épidémiologiques portant sur l'insuffisance thyroïdienne périphérique en Afrique sont fragmentaires. Mais l'affection particulièrement fréquente dans les zones d'endémie goitreuse (Zaïre) n'est pas rare en dehors de ces zones. Aucun de nos malades ne provient de la zone d'endémie goitreuse représentée par le Sénégal oriental. La méconnaissance des formes frustes, l'absence de tests biologiques fidèles en pratique quotidienne, et l'inexistence quasi total d'enquête de dépistage systématique, expliquent certainement la rareté apparente de l'affection dans notre pays. Le nombre de cas ira, comme en Europe, en augmentant au fur et à mesure que s'affineront les moyens de diagnostic clinique et biologique.

Affection de la femme ayant dépassé la quarantaine, elle gagne à être diagnostiquée précocement avant que s'installent les lésions cardiovasculaires qui en constituent la gravité.

II - SUR LE PLAN CLINIQUE

A - LE MOTIF DE CONSULTATION

Au moment du diagnostic, l'hypothyroïdie évolue chez nos malades en moyenne depuis 6,6 années. Dans une étude ancienne de l'évolution avant le diagnostic est de 4 ans, moyenne inférieure à celle de notre série.un seul de nos cas a été diagnostiqué précocement après une durée d'évolution de 3 mois. A l'autre extrême, un autre cas est de diagnostic tardif après 18 ans ; ce retard du diagnostic noté par la plupart des auteurs, s'explique presque toujours par le caractère progressif et insidieux de la maladie. Ce diagnostic tardif explique la grande fréquence chez nos malades des formes complètes "historiques" myxoedémateuses consultant au stade des complications cardio-vasculaires présentes chez 18 malades sur 24, alors que les signes cutanéomuqueux pourtant présents chez 15 malades sur 24 n'ont fait l'objet d'aucune plainte.

Les signes fonctionnels et généraux constituent cependant un signe d'appel: ainsi l'asthénie est notée chez 25% des malades et la frilosité motive la consutlation chez 16,6% d'entre eux seulement. Ces symptômes comme motif de consultation sont bien moins fréquents dans notre étude que dans celle de la plupart des auteurs 70 à 91% des malades se plaignent d'une asthénie, 50 à 89% d'une frilosité au moment du diagnostic. Bien qu'ils ne soient en aucun cas le motif de consutlation chez 16,6% de nos cas, l'hypothyroïdie a été révélée par des troubles digestifs dominés par une constipation chronique, opiniâtre prenant chez l'un d'eux l'aspect d'un syndrome pseudo-occlusif. Un tel fait a déjà été rapporté par BASTENIEet WELLES.

Un cas a été découvert lors d'une consultation pour un diabète sucré mal équilibré : il présentait depuis 5 ans une hypertension artérielle à 9/12 associée à un diabète méta-pléthorique dépisté à l'occasion d'un abcès fessier dans un contexte d'hérédité diabétique et d'obésité.

Malgré un régime bien suivi et la prise de metformine, ce diabète est resté mal équilibré. La glycémie à jeun est à 1,3 g/l et la post prandiale à3,3 g/l quand s'installe pogressivement un myxoedème typique accompagné d'une atrophie thyroïdienne et confirmée par un réflexogramme achilléen allongé et un tracé électrocardiographique évocateur. Enfin, le test de Quérido est négatif.

Sous régime diabétique et hormonothérapie thyroïdienne, l'équilibre endocrinien s'établit en même temps que s'améliore le glycémie (1,95 g/l à jeun et 1,88 g/l en post prandiale).

Au total, l'hypothyroïdien dans notre série a consulté tardivement : même l'infiltration cutanéomuqueuse présente dans 3/4 des cas, n'a pas inquiété, encore moins l'asthénie (25,5%), la frilosité et la constipation (16,6%). La consultation est motivée par les complications cardio-vasculaires qui sont la règle, sous forme d'hypertension artérielle, d'insuffisance coronarienne, de défaillance cardiaque.

B - <u>LA SYMPTOMATOLOGIE CLINIQUE</u>

A la période d'état qui est la période de consultation, tous les signes du myxoedème classique sont souvent présents.

1 - LES SIGNES GENERAUX

L'asthénie (54% des cas) a été tantôt à type de simple fatigue, tantôt à tpe de pseudomysthénie chez nos malades.

Cette asthénie à type de fatigabilité est plus souvent observée (69 à 78% des cas) par divers auteurs. En outre, une forme léthargique a été retrouvée dans 91% des cas de WILLIAMS.

La frilosité (50%) est aussi fréquente dans nos cas que dans ceux de BLOOMER et KYLE d'une part et WATANAKUNAKORN d'autre part. Par contre, d'autres auteurs la retrouvent plus souvent encore dans 90% des cas.

La prise de poids (ou l'excès pondéral) (37% de nos cas) le plus souvent nos oedémateuse est plus fréquente chez d'autres auteurs qui l'observent entre 41 et 59% de leurs cas et l'évaluent à 6 kg environ. Nous avons rappelé d'ailleurs avec M. LINQUETTE que si le myxoedème provoque en lui-même un gain de poids modéré, il n'est pas cause d'infiltration du tissu adipeux et ne provoque donc pas d'obésité proprement dite.

Enfin, contrairement à la prise de poids, l'amaigrissement présent dans 12,5% de nos cas, n'existe que dans 6% dans d'autres séries.

En résumé, dans notre série, les signes généraux ne présentent aucune particularité en dehors d'une asthénie un peu moins fréquente et moins sévère et d'un amaigrissement au contraire plus fréquent que dans la littérature.

2 - LES SIGNES CUTANEOMUQUEUX ET PHANERIENS

L'infiltration cutanée retrouvée chez 62% de nos malades s'exprime dans la majorité des cas (13 fois sur 15) par une simple bouffissure du visage et des paupières ; plusieurs auteurs tiennent ces localisations du myxoedème pour l'un des signes les plus précoces de la maladie ; pourtant, nous l'avons déjà souligné, l'évolution moyenne chez nos malades dépasse 6 ans. Un seul de nos cas présente la grande infiltration cutanéomuqueuse généralisée après 8 ans d'évolution, signe évidemment très tardif et ayant moins de valeur sémiologique que la raucité de la voix (54% de nos cas), l'hypoacousie (37%), la macroglossie (16,6%), la pâleur des téguments et des muqueuses (33,3%) ou la sécheresse de la peau (33,3%).

Les troubles phanériens (41%) de nos cas) sont dominés par l'alopécie qui touche le pubis, les aisselles, les sourcils. Cette alopécie est particulièrement importante chez trois de nos malades du sexe féminin. Cependant, ni par leur fréquence ni par leur expression, ces manifestations cutanéomuqueuses et phanériennes ne revêtent une originalité par rapport aux données de la littérature: la fréquence de l'infiltration cutanéomuqueuse est estimée par plusieurs auteurs entre 67 et 70% en Europe, fréquence proche de la nôtre ; mais la série Zambienne de MULAISHO n'en comporte que 22%. La sécheresse de la peau est plus fréquence dans les séries plus importantes que la nôtre (58% à 97%) ; par contre la fréquence de l'hypoacousie, de la raucité de la voix, de la macroglossie, rapportée par divers auteurs reste comparable à nos résultats.

3 - LES MANIFESTATIONS CARDIOVASCULAIRES

Les manifestations cardiovasculaires sont les plus fréquentes et font toute la gravité de l'hypothyroïdie.

a - <u>La bradycardie</u>

Elle est franche, inférieure à 60 battements par minute chez 39% des malades tandis que chez 7 autres malades, elle est plus modérée. La corrélation avec la sévérité du tableau clinique est nette puisque chez 12 malades sur 15 présentant une bradycardie, l'hypothyroïdie est cliniquement patente. Cependant, chez une malade, la bradycardie n'est pas évidente ; elle est même remplacée par une tachycardie en cas d'insuffisance cardiaque. Cette circonstance a déjà été rapportée par des auteurs tels que WATANAKUNAKORN et KARTUN qui ne retrouvent la bradycardie que dans 13,7% et 50% des cas respectivement.

b - <u>L'hypertension artérielle (H.T.A.)</u>

Nous l'avons retrouvée parmi 52 des malades chez qui la tension artérielle a été notée. Elle affecte particulièrement 7 femmes et 3 hommes relativement jeunes puisque leur âge moyen est de 48 ans ; sa sévérité est corrélée avec celle de l'hypothyroïdie et elle s'accompagne pratiquement toujours d'une hypercholestérolémie et dans certains cas d'autres facteurs de risque (diabète, obésité).

La fréquence de cette hypertension artérielle dans une courte série comme la nôtre a constitué une particularité puisque la plupart des auteurs font étt de fréquence moindre : 18% pour WATANAKUNAKORN, 33% pour LINQUETTE.

La relation de cause à effet entre l'hypothyroïdie et l'hypertension artérielle est d'autant moins discutable que les sujets sont jeunes et qu'aucun autre facteur de risque vasculaire n'est retrouvé.

Chez les hypothyroïdiens plus âgés, on a constaté que l'hypertensoin artérielle est significativement plus élevée que dans la population générale de même âge. Son association avec l'hypercholestérolémie constante dans notre série et retrouvée par d'autres auteurs a rendu hautement probable son origine athéromateuse. Sa fréquence élevée dans notre série rendent compte probablement d'une durée d'évolution prolongée. Une hormonothérapie substitutive précoce permet selon J. JOLY une évolution favorable de l'hypertension artérielle.

c - L'hypotension artérielle

Elle a été beaucoup plus rare (2 ca dans notre série) et 0,75% selon WATANAKUNAKORN ; elle peut cependant selon certains auteurs entraîner un syndrome d'insuffisance circulatoire périphérique diffuse, ce que nous n'avons pas observé.

d - L'insuffisance cardiaque

Nous avons rapporté 7 cas d'insuffisance cardiaque (30%) : il s'agit sur le plan clinique d'une défaillance cardiaque à coeur lent (2 cas) ou à pouls normal (3 cas) ; il n'existe aucune autre particularité sémiologique : l'insuffisance ventriculaire est globale, 5 fois sur 7, gauche dans 1 cas et droite dans le dernier cas.

La fréquence de l'insuffisance cardiaque est diversement appréciée par les auteurs : certains comme KARTUN, JOLY l'estiment rare. Pour d'autres, elle a été de 10,5% (WATANAKUNAKORN, en comparaison, l'insuffisance cardiaque paraît donc particulièrement fréquente chez les malades de notre courte série ; cette diversité dans l'appréciation de sa fréquence pourrait être liée à la difficulté de son diagnostic différentiel avec l'anasarque myxoedémateuse.

Sur le plan étiologique, son origine est souvent mixte : chez nos malades, cette origine est hypertensive et myxoedémateuse dans 2 cas : il est difficile en l'absence d'une étude échocardiographique de faire la part respective de l'HTA et de l'infiltration myxoedémteuse dans le déterminisme de la défaillance cardiaque; cependant, la nécessité d'associer à l'hormonothérapie substitutive un traitement antihypertenseur a permis à posteriori d'affirmer l'origine mixte de l'insuffisance cardiaque. Par contre, le rôle prédominant de l'ischémie myocardique semble plus net dans l'observation n4 où l'insufisance cardiaque survient chez un coronarien connu dès le début du traitement hormonal.

Dans les autres cas, l'origine de l'insuffisance cardiaque semble monofactorielle : hypertension artérielle dans 1 cas où le seul traitement diurétique a permis la réduction de la défaillance cardiaque, un coeur pulmonaire aigu d'origine asthmatique dans un 2ème cas ; enfin une cardiomyopathie myxoedémateuse pure dans les 2 derniers cas ; cette cardiomyopathie myxoedémateuse est en rapport avec une infiltration des fibres musculaires lisses par l'oedème mucoïde, infiltration démontrée histologiquement et entaînant un épaississement du muscle ventriculaire gauche ainsi que le montre l'échocardiographie ; la régression rapide du tableau clinique sous hormonothérapie substitutive seule, telle que nous l'avons observée chez l'un de nos malades est un argument supplémentaire en faveur de cette étiologie.

Le rôle exact d'une éventuelle péricardite reste difficile à apprécier puisque son expression demeure exclusivement électrique dans les 7 cas d'insuffisance cardiaque.

L'étude électrocadiographique réalie chez 5 malades sur 7 ne comporte aucune particularité : les anomalies se résument en des signes de surcharge ventriculaire gauche (4 cas) ou droite (1 cas) associée à un bas voltage et à des troubles de repolarisation propres à la péricardite.

La radiographie du coeur retrouve constamment une importante cardiomégalie sans particularité.

e - L'insuffisance coronarienne

L'atteinte coronarienne est diagnostiquée chez 7 malades ; elle s'exprime cliniquement par un angor d'effort dans 2 cas et par un infarctus du myocarde récidivant chez les 4 autres malades.

Son origine est là encore multifactorielle puisque nous retrouvons une hypercholestérolémie 6 fois sur 7 cas d'hypothyroïdie patente évoluant depuis plusieurs années, une hypertension artérielle 4 fois, un diabète 2 fois sur 7.

L'interprétation des perturbatins de l'électrogenèse cardiaque est souvent difficile : l'inversio et l'aplatissement de l'Onde T pourrait être le fait d'une insuffisance coronarienne, d'une péricardite ou de l'infiltration myxoedémateuse du myocarde ; dans ces deux derniers cas, les anomalies disparaissent sous hormonothérapie substitive ; ces faits expliquent probablement la difficulté de chiffrer avec précision la fréquence de l'insuffisance coronarienne au cours de l'hypothyroïdie ; elle est estimée entre 8 et 11% lorsqu'elle s'exprime par un angor, à 3% lorsqu'elle se complique d'infarctus, entre 36,25 et 93% lorsqu'elle est d'expression électrique exclusive.

f - La péricardite

La péricardite est la complication cardiaque la plus fréquente : elle est présente chez 19 de nos malades (97% des cas). Son diagnostic repose sur les données radiologiques et/ou électriques, car elle reste remarquablement bien tolérée sur le plan fonctionnel ; cependant, elle participe à tous nos cas de défaillance cardiaque.

Sur le plan radiologique, elle est responsable mais pas tojours d'une cardiomégalie ; le tracé électrocardiographiqe a un aspect variable dominé par les troubles de la repolarisation diffus concordants associés au bas voltage et à des variations de l'onde T. Aucune ponction péricardite n'a été pratiquée chez nos malades.

La grande fréquence de la péricardite au cours de l'hypothyroïdie et une donnée classiquement rapportée par toutes les études antérieures.

Celles basées sur l'angiocardiographie et plus récemment sur l'échocardiographie trouvent une fréquence allant de 70 à 100% quel que soit le stade clinique de l'insuffisance thyroïdienne ;

dans les formes fruste, la constatation de troubles de la repolarisation à l'électrocardiogramme expose au diagnostic erroné de coronarite.

Cette difficulté bien réelle en pratique peut être lourde conséquences : s'il est particulièrement déconseillée de donner de l'hormone thyroïdienne à un coronarien, il est par contre bien regrettable de poser à tort un diagnostic de coronarite qui va peser sur tout l'avenir d'un patient atteint seulement d'une hypothyroïdie facilement curable ; c'est pourquoi, certaines nuances électrocardiographiques prennent toute leur valeur ; lorsqu'il existe un décalage du segment ST, il reste toujours faible de l'ordre du millimètre en cas d'hypothyroïdie et l'onde T négative n'est jamais pointue ni symétrique ; par contre des troubles primaires de repolarisation localisée ne sont pratiquement jamais liés à l'hypothyroïdie.

g - Les autres complications vasculaires

Nous n'avons observé aucun cas d'artériopathie des membres inférieurs, ni d'insuffisance cérébrovasculaire parmi nos malades, il faut cependant souligner avec J. JOLY la difficulté du diagnostic clinique d'artérite des membres inférieurs chez l'hypothyroïdien : la relative impotence des membres, les pieds froids, la difficulté de palper les artères distales, la petitesse du pouls sont autant d'obstacles au diagnostic ; il serait intéressant d'entreprendre ultérieure une étude comportant une exploration au Doppler chez les hypothyroïdiens ; de même l'absence d'une étude échocardiographique ne nous permet pas d'apprécier l'existence d'autres complications cardiaques telles que le prolapsus valvulaire ou une cardiomyopathie myxoedémateuse.

4 - LES TROUBLES DIGESTIFS

Ils ne présentent aucune particularité chez nos malades : la fréquence de la constipation (66% dans notre série), 61 à 67% dans celles de WATANAKUNAKORN et MULAISHO et sa sévérité pouvant aboutir à l'iléus paralytique (1 cas dans notre étude) sont des données classiques.

Dans notre étude rétrospective, nous n'avons malheureusement pas pu apprécier la fréquence de mégacôlon, de la lithiase biliaire ou de l'achlorydie gastrique que d'autres auteurs estiment plus élevée chez l'insuffisant thyroïdien que dans la population générale.

5 - LES SIGNES GENITAUX

Ils sont dominés par les troubles menstruels (aménorrhée, oligoménorrhée et métrorragie) présents chez 20% de nos malades et aussi fréquents que l'infection génitale ; en outre, 16 % des femmes ont une stérilité secondaire. Enfin un cas s'est manifesté par une exacerbation de la libido.

La fréquence des troubles menstruels a été évaluée entre16,5 et 22% des cas féminins d'hypothyroïdie par certains auteurs tandis que d'autes dont WILLIAMS la chiffrent entre 32 et 86% de leur série. Il s'agit d'aménorrhée, d'oligoménorrhée ou de ménométrorragie. Ces troubles menstruels sont parfois en rapport avec une carence lutéale et s'accompagnent d'une stérilité secondaire rarement retrouvée par WATANAKUNAKORN, 0,25% seulement des cas contre 16%

dans notre série. La fréquence de l'infection génitale (20% des femmes) pourrait jouer un rôle dans cette stérilité secondaire.

Enfin, contrairement à une exacerbation de la libido présente dans 1 de nos cas, c'est une baisse de la libido qui est retrouvée chez l'adulte dans 4 à 26% des cas par différents auteurs. Ce signe d'hypométabolisme s'accompagne souvent d'une diminution du taux des gonadotrophines urinaires chez la femme ménopausée. L'exacerbation de la libido que nous avons obervée chez une damme de 24 ans s'inscrit dans un cadre de pseudo-hyperfoctionnement sexocorticoïde fait d'hirsutisme et d'un taux élevé de 17 cétostéroïdes urinaires. Ce tableau malheureusement exploré de façon isuffisante pose le problème d'une pathologie d'entraînement exceptionnellement retrouvée chez l'enfant à type de puberté précode et connue depuis les travaux de KENDELL d'une part, et de VANWICK et GRUMBACH d'autre part.

6 - LES SIGNES NEUROPSYCHIQUES

S'ils ne présentent aucune particularité chez nos malades, il faut cepenant souligner que les troubles psychiques sont moins fréquents dans notre courte série que dans d'autres études: alors que nous avons trouvé une lenteur de l'élocution et de l'idéation dans 25% des cas, WILLIMANS en a rapporté une fréquence de 91% des cas, et d'autres études ont fait état d'une fréquence comprise entre 50 et 66% des cas d'autres troubles mineurs tels qu'une irritabilité (8% de nos cas ; 13 à 15% de ceux de WATANAKUNAKORN), un syndrome dépresif (33% selon MULAISHO) sont présents.

Par contre, nous n'avons rencontré aucun trouble psychiatrique majeur tels que démence, psychose dépressive, troubles amnésiques rapportés par CHICOURI et G.W. SMALL.

Les troubles neurologiques de type périphérique sont remarquablement rares dans notre série ; ils sont cependant d'une grande valeur sémiologique de par leur quasi constance soulignée par plusieurs auteurs et de par leur précocité : ils seraient en effet révélateurs du myxoedème même à un stade initial dans les forme frustes ou masquées. Nous n'avons retrouvé que deux cas de polynévrite des membres inférieurs à expression sensitivo-hyporéflexive dont un chez un diabétique. Chez 5 malades, les réflexes ostéo-tendineux sont faibles ou abolis sans manifestation sensitive ou motrice. Par contre, aucun cas de syndrome de canal carpien ou tarsien n'a été observé contrairement aux constatations de MURRAY et SIMPSON ou de A. FERNET ; de même, nous ne déplorons aucune atteinte centrale chez nos malades. Les troubles neurosensoriels à type de vertiges (8%) et de baisse de l'acuité visuelle (15%) sont cependant aussi fréquents dans notre étude que dans celle de BLOOMER ET KYLE d'une part, et de WATANAKUNAKORN et Collaborateurs d'autre part.

7 - LES SIGNES MUSCULAIRES

Nos constatations quant à la fréquence des algies musculaires (12,5%) rejoignent celles de WATANAKUNAKORN (10,25%). BLOOMER et KYLE, COLLINS trouvent cependant des chiffres plus élevés (31 et 72%). Ces algies consistent en un enraidissement douloureux des muscles surtout au réveil avec "dérouillage" pénible des mouvements ; elles s'accompagnent d'une faiblesse musculaire, une malhabilité des mains ou des doigts s'aggravant à la fatigue avec des crampes musculaires.

La pseudomyopathie avec hypertrophie musculaire diffuse (2 cas de notre série) est en réalité beaucoup plus grave puissque WATANAKUNAKORN n'en dénombre que 1,25% dans une série de 400 malades. Aucun de nos 2 malades ne présente une réaction pseudomyotonique par lenteur de la décontraction que l'on observe dans la moitié des cas. Nous n'avons non plus observé de forme avec atrophie rhizomélique, ni de syndrome de HOFFMAN.

Une étude plus complète des manifestations musculaires avec enregistrement électromyographique au cours de l'hypothyroïdie est en cours à partir de nos cas et des cas ultérieurs ; elle permettra d'en préciser les manifestations cliniques, biologiques et électriques chez nos malades.

8 - LES SIGNES OSTEOARTICULAIRES

Ils sont présents chez nos malades dans 8% des cas sous la forme de douleurs articulaires inexpliquées par une cause et de type non inflammatoire tantôt au rachis lombaire et accompagnant toujours des hypothyroïdies patentes.

Ces constatations se rapprochent de celles de WATANAKUNAKORN qui retrouve une discrète raideur articulaire douloureuse chez 8% de ses malades. A l'inverse, ces douleurs articulaires accompagnées de myalgies sont présentes chez 31% des malades de BLOOMER et KYLE.

Nous avons signalé enfin qu'en milieu rhumatologique, BLAND et FRYMOYER ont observé diverses manifestations articulaires naturellement très fréquentes dont les arthralgies chez tous les hypothyroïdiens et l'hydarthrose des genoux et des petites articulations dans 90% des cas.

9 - L'ETAT DU CORPS THYROIDE

La thyroïde n'est pas palpable chez 83 % des malades dont 6,6% en l'absence de toute thyroïdectomie ; cette atrophie thyroïdienne a été confirmée par la scintigraphie dans les 8 cas où elle a ét pratiquée. De même, dans l'étude de BLOOMER et KYLE une atrophie thyroïdienne accompagne l'hypothyroïdie chez 65% des malades ; dans celle de WATANAKUNAKORN, le taux est de 45% des cas.

Un groitre multinodulaire est retrouvé dans 17% des cas. Ces constatations rejoignent celles de WATANAKUNAKORN aux USA qui a retrouvé un goitre dans 7 à 11% de ses malades ; la nature du goitre n'a pas été précisée dans son étude.

C - LA PATHOLOGIE ASSOCIEE

Une pathologie associée est observée dans 70% de nos cas d'hypothyroïdie primaire ; elle est dominée par les facteurs de risque cardio-vasculaire :

- hypertension artérielle sur laquelle nous ne reviendrons pas ;
- hypercholestéromie ;
- anomalie du métabolisme glucide ;
- hyperuricémie.

La pathologie infectieuse n'est pas rare chez nos malades (27% des cas) ; nous avons également observé 1 cas d'hypo-parathyroïdie secondaire à une thyroïdectomie chirurgicale.

1 - L'HYPERCHOLESTEROLEMIE

Elle est quasi constante, présente chez 17 malades sur les 18 chez qui le dosage a été effectué (94% des cas); elle ne s'accompagne d'aucun signe cutané mais est très souvent associé à unou plusieurs autres facteurs de risque vasculaire : hypertension artérielle (6 cas), diabète (2 cas), obéisté (5 cas) ; l'hypercholestérolémie s'accompagne d'une fraction HDL élevée et d'un indice d'arthérogénécité CT/CHDL indiquant un risque inférieur ou égal à la moyenne générale ; il importe de souligner cependant qu'une telle hypercholestérolémie a déjà été notée dans une étude antérieure menée dans une population d'obèses africains.

Nous n'avons malheureusement pas pu déterminer par une enquête familiale, la part de l'hérédité dans la genèse de l'hypercholestérolémie chez nos malades ; de tels facteurs génétiques ont pu être retrouvés par différents auteurs. Dans tous les cas, la fréquence de l'hypercholestérolémie au cours de l'hypothyroïdie a été de constatation courante. Notre étude a confirmé dans ce sens celles de WATANAKUNAKORN et Collaborateur d'une part, et de BLOOMER et KYLE d'autre part qui rapportent respectivement une fréquence de 81,5% et 84%. Cette quasi constance de l'hypercholestérolémie dans l'hypothyroïdie en fait un élément du diagnostic positif bien que non spécifique.

L'hypercholestérolémie accompagne une hypertriglycéridémie chez les malades ayant bénéficié de ce dernier dosage (4 cas). La fréquence de l'hypertriglycéridémie est estimée à 60% des cas d'hypothyroïdie mais son association à une hypercholestéromie serait plus rare et témoignerait davantage d'une prédisposition génétique à l'hyperlipidoprotéinémie primitive. Sous hormonothérapie substitutive, le rapport triglycéride/cholestérol s'élèverait.

2 - LES ANOMALIES DU METABOLISME GLUCIDIQUE

L'association à l'hypothyroïdie d'un diabète sucré vrai est retrouvé chez 3 de nos malades, soit 12,4% des cas ; une fréquence comparable (9 à 12%) est déjà rapportée par WEINSTEIN, cité par DUCROS et par BLOOMER et KYLE ; nos 3 cas sont tous féminins, confirmant la prédisposition féminine signalée par PIRART et DUCROS dans 65% des cas.

Le diabète est du type II de l'OMS, c'est-à-die non insulinodépendant, chez 3 malades obèses et survient dans 2 cas chez des hypothyroïdiennes connues et traitées ; cependant, dans l'un de ces 2 cas, il existerait dans les antécédents la notion d'une macrosomie foetale et d'une obésité familiale nette, le diabète est antérieure à l'insuffisance thyroïdienne clinique de 5 ans dans le 3ème cas avec une prédisposition familiale nette.

Ce dernier cas est plus en accord avec les données de la littérature : le diabète est antérieur à l'hypothyroïdie 5 fois sur 9 selon HESCHT et GERTBERG, 8 fois sur 11 selon JOSLIN, 66 fois sur 100 d'après DUCROS ; le diabète est presque toujours ancien à début précoce et juvénile instable dans 14,2% des cas ; dans notre étude, si le diabète est instable dans 2 cas du fait de l'hormonothérapie substitutive, nous n'avons eu recours à une insulinothérapie que dans un cas ; le régime hypoglucidique seul a suffi à équilibrer les deux autres malades.

Dans cette association, l'insulinothérapie semble cependant être la règle selon MIROUZE puisque 47,5% des cas imposent le recours à l'insuline contre 28,5% pour les sulfamides hypoglycémiants et 24% pour le régime seul.

L'association à un diabète sucré a majoré considérablement les risques vasculaires inhérents à l'hypothyroïdie : dans nos 3 ca,s il existe une hypercholestérolémie et une hypertension artérielle ; l'une des malades présente en outre une insuffisance cardiaque globale et dans un autre cas, il existe une ischémie myocardique antérolatérale, une hypertrophie ventriculaire gauche et une rétinopathie mixte au stade II, de telles complications dégénératives sont retrouvées par MIROUZE dans 57% des cas de l'association.

Sur le plan pathogénique, l'accent a été mis actuellement surune origine auto-immune commune des deux affections avec un support génétique hautement probable : l'existence d'un caractère familial du diabète retrouvé dans 46,6% des myxoedémateux selon DUCROS. La coexistence avec d'autres maladies réputées auto-immunes (maladie de BIERMER, vitiligo,...) et surtout la découverte d'anticorps circulants antithyroïdiens chez 22 % des diabétiques comme chez 34% des myxoedémateux, la présence du même groupe HLA DR W3 ou B8 sont autant d'arguments en faveur de cette théorie. Pour notre part, il nous a été difficile de conclure pour nos 3 cas d'association ; nous avons souligné seulement qu'il existait chez 2 de nos malades, une prédisposition familiale incontestable pour le diabète et pour l'une d'entre elles, il est très intéresant de noter l'existence d'une maladie de BASEDOW associée à une discrète anomalie du métabolisme glucidique chez l'un des fils. Dans le 3ème cas où il n'y a aucun antécéden fmailial de diabète, il s'agit en fait d'une hypothyroïdie secondaire à une thyroïdectomie subtotale pour goitre hyperthyroïdien. Nous nous sommes proposés dans une étude ultérieure de mieux préciser les relations entre le diabète sucré et hypothyroïdie primaire chez nos malades par la recherche d'anticorps et par une enquête familiale plus poussée.

3. L'HYPERURICEMIE

Observée dans 3 cas de notre série, l'hyperuricémie serait fréquente dans l'hypothyroïdie par une diminution de l'élimination urinaire de l'acide urique. Malgré des chiffres souvent élevés comme c'est le cas chez nos malades (respectivement 79 mg/l, 140 mg/l et 160 mg/l) les crises de goutte seraient exceptionnelles chez ceux dont l'uricémie était la plus élevée et porteur d'une goutte chronique polyarticulaire non compliquée ; le terrain reste classique : il s'agit d'un homme (2 fois sur 3) obèse, hypertendu, hypercholestérolémique ; le rôle exact de l'hypothyroïdie sur ce terrain reste difficile à préciser.

4. LES AUTRES MALADIES ASSOCIEES

- Une infection génitale est retrouvée chez 5 malades (27% des femmes) ; elle est à type de vaginite et/ou de métroannexite chronique survenant chez des malades indifférentes à leur sort, elle évolue à bas bruit et est donc de diagnostic tardif. L'étude bactériologique n'a pas été systématique.
- Aucune autre pathologie associée n'existe dans notre série en dehors d'un cas d'hypoparathyroïdie post chirurgicale.

Il n'existe dans notre série, ni de déficit endocrinien deutéropathique clinique patent, si l'on excepte 2 cas d'aménorrhée secondire insuffisamment exploré, ni de syndome de SCHMIDT, ni d'anémie de BIERMER, etc.

D - LES COMPLICATIONS

Dans notre série, elles se résument aux manifestations cardio-vasculaires sur lesquelles nous ne reviendrons pas ; nous n'avons en effet observé aucun cas de coma myxoedémateux.

E - EN RESUME

Chez nos malades, l'hypothyroïdie ne présente aucune particularité clinique par rapport aux données de la littérature en dehors d'une plus grande fréquence des formes patentes complètes (75% des malades sont au stade I de BASTENIE et 25% au stade II) ; cette plus grande fréquence est en rapport avec un retard de consultation ; la longue évolution avec le diagnostic explique la fréquence élevée des manifestations cardio-vasculaires qui font toute la gravité de l'hypothyroïdie, véritable facteur de risque cardio-vasculaire ; l'hypertension artérielle, retrouvée chez 52% de nos malades est plus fréquente dans notre sérieque dans celles rapportées dans la littérature ; elle a conduit souvent losqu'elle s'associe sur ce terrain à l'hypercholestérolémie ou plus rarement à un diabète sucré (2 cas) à une insuffisance cardiaque (30% de nos cas) et à une insuffisance coronarienne (30%). La fréquence réelle de ces complications au cours de l'hypothyroïdie a varié en fonction des possibilités techniques de diagnostic ; elle est cependant particulièrement élevée dans notre courte série comparativement aux données de la littérature, eu égard aux moyens limités dont nous avons disposés. Il en st de même de la fréquence de la péricardite diagnostiquée chez 79% de nos malades et que des études (échocardiographiques) chiffraient à près de 100% ; il faut par ailleurs souligner la difficulté d'interpréter les signes électrocardiographiques au cours de l'hypothyroïdie.

Une pathologie associée est retrouvée chez 70% de nos cas ; elle est dominée par les troubles du métabolisme lipidique avec une hypercholestérolémie quasi constante (94% des cas) ; si cette anomalie a déjà été soulignée par toutes les études antérieures, notre population a semblé se particulariser par un taux d'HDL cholestérol levé et un indice d'athérogénéité inférieur ou égal à la moyenne générale ; cependant un tel fait déjà souligné dans une étude antérieure portant sur les obèse**(122)** demanderait à être confirmé puisqu'il est également observé chez des sujets coronariens. Un diabète sucré est retrouvé chez 3 de nos malades ; il nous a été difficile dans notre étude d'affirmer l'origine auto-immune de cette association également retrouvée par d'autres auteurs dans 9 à 12% des cas d'hypothyroïdie.

III - SUR LE PLAN PARACLINIQUE

A - LE DIAGNOSTIC POSITIF

Il repose sur des éléments d'orientation d'une part et sur des éléments de certitude d'autre part.

1 - LES ELEMENTS D'ORIENTATION

a - Le métabolisme de base

Les nombreuses auses d'erreur qui entachent sa réalisation ont fait qu'il est tombé en désuétude, cependant, il a été réalisé chez 3 malades de notre série et montre un abaissement allant de 19% à 30% sans aucune corrélation ni avec l'expression clinique de l'hypothyroïdie ni avec les autres éléments du diagnostic ; ces résultats tendraient à confirmer ceux de plus grandes séries telle l'étude de WATANAKUNAKORN et Collaborateurs qui a trouvé un métabolisme de base abaissé de 15% au plus chez 68% de ses malades, ou celle de BLOOMER et KYLE pour qui un abaissement de 20% est obervé dans 73% des cas sans parallélisme avec le degré de l'hypothyroïdie.

b - Le réflexogramme achilléen

Pratiqué chez 12 malades, il a objectivé un allongement au-delà de 360 millisecondes du temps de relaxation dans 9 cas (75%) ; il existe une corrélation nette entre le degré de l'hypothyroïdie et l'importance de l'allongement dans les formes cliniquement latentes pour les formes mineures ou frustes, cette corrélation est moins évidente puisque 3 cas d'hypothyroïdie confirmée par ailleurs s'acompagnent d'un réflexogramme normal. Ces résultats sont en accord avec ceux de EVERED et Collaborateurs qui ont observé un achilogramme normal dans 12% des formes pauci-symptomatiques ; pour CHICOURI cependant, cet examen est rarement normal en cas d'hypothyroïdie même fruste.

Dans tous les cas, en dehors des variations physiologiques (allongement avec l'âge, la grossesse), le réflexogramme achilléen demeure d'un intérêt diagnostique certain dans l'hypothyroïdie, eu égard à sa reproductivité, à sa simplicité de réalisation, à son coût faible, de surcroît, il permet le contrôle du traitement.

c - L'hypercholestérolémie

Nous avons déjà vu que sa quasi constance au cours de l'hypothyroïdie en fait un élément d'orientation du diagnostic positif ; pour notre part, nous l'avons considéré, sinon comme une véritable pathologie associée, du moins un réel facteur de risque vasculaire. Cependant, sa fréquence pour BASTENIE, FOWLER et STAR, elle est beaucoup plus rare pour FOURNIER, NILSSON et KUTTY ; ce dernier auteur a estimé à 20% la fréquence des hypothyroïdies à cholestérolémie normale.

d - L'électrocardiogramme

Il confirme la bradycardie sinusale dans 42% des cas et son aspect (microvoltage et troubles diffus et concordants de la repolarisation) est comparable avec le diagnostic d'hypothyroïdie dans 73% des cas ; des signes d'ischémie sont retrouvés dans 21% et un infarctus dans 4%.

Des séries plus importantes rapportées par WATANAKUNAKORN et BLOOMER et KYLE donnent des taux comparables : 36% et 93% de tracés compatibles avec le diagnostic. Pour EVERED, le tracé est compatible avec une insuffisance thyroïdienne dans 28% des formes infracliniques, dans 39% des formes pauci-symptomatiques et dans 60% des formes patentes.

e - La radiographie du coeur

Dans notre étude, la radiographie du coeur a découvert dans 100% des cas, une cardiomégalie globale, tantôt importante et en rapport avec une défaillance cardiaque globale, tantôt discrète et probablement due à une épanchement péricardique (parfois évoquée au tracé électrocardiographique).

La cardiomégalie est retrouvée dans 41% des cas selon KARTUN. Modérée dans la plupart des cas, la cardiomégalie est monstrueuse 5 fois sur 29 cas de KARTUN, réalisant alors une cardiomégalie symétrique avec un index cardiothoracique de 0,7. Le caractère peu battant de ce coeur n'a malheureusement pas été étudié chez nos malades. Les bases pulmonaires sont habituellement claires. Cette cardiomégalie évoque en premier chef un épanchement péricardique en concordance habituellement bonne mais non absolue avec l'électrocardiogramme.

2. LES ÉLÉMENTS DE CERTITUDE

a - L'exploration isotopique

a.1 - La courbe de fixation de l'iode radioactif 131.

Elle a été réalisé chez 8 malades et a objectivé une hypofixation chez 6 d'entre, soit 75% des cas ; l'hypofixation est franche dans les 6 cas avec un taux n'excédant pas 11% et maximal à la 6ème heure ; les 2 malades présentant une courbe de fixation normale ont eu une hypothyroïdie fruste secondaire à un goitre multinodulaire chez l'un, à une lobectomie pour adénokyste chez l'autre.

La courbe de fixation de l'Iode 131 a reflété assez fidèlement l'activité thyroïdienne du moins dans sa première phase de captation : ainsi WATANAKUNAKORN a rapporté chez 95% des ses malades des taux de captation inférieurs à 15% à la 24ème heure tandis que BLOOMER et KYLE font état d'un pourcentage de 75% des cas avec une fixation inférieure à 10% à la 24ème heure.

a.2 - La scintigraphie thyroïdienne

Elle permet d'obtenir un aspect morphologique du corps thyroïde et de détecter des activités thyroïdiennes ectopiques; son intérêt réside cependant davantage dans la recherche étiologique.

Pratiquée chez 10 malades de notre série, elle montre :

- une image blanche dans 4 cas d'hypothyroïdie patente à corps thyroïde non palpable;
- une cartographie homogène mais avec une fixation faible ou localisée à un lobe dans 4 autres cas sans goitre ;
- un goitre multinodulaire à fixation hétérogène dans les 2 derniers cas.

b - Les dosages hormonaux

b.1 - L'iode hormonal

La PBI dosée dans 3 cas révèle un taux d'iode hormonal bas de 0,5 à 2,4 g/ 100 ml; des taux identiques en moyenne de 2,15 g ± 1,2 sont rapportés dans différentes séries; WATANAKUNAKORN et BLOOMER et KYLE trouvent également des taux abaissés chez 90 à 98% des malades ; mais chez 5 de leurs malades sur 50, les taux dépassent la limite inférieure à la normale (4 g/ 100 ml) avec cependant dans 2 de ces cas, une contamination iodée prouvée ; cette sensibilité du test aux contaminants iodés limite, on le sait, la fiabilité du dosage de la PBI, actuellement supplanté par les dosages radio-immunologiques.

b.2 - La tri-iodothyronine T3

Elle a été dosée par radio-immunologie chez 2 malades : chez le premier dont l'hypothyroïdie est cliniquement patente, le taux de la T3 plasmatique est dans les limites de la normale à 1,2 g par 100 ml (Normale entre 0,75 et 2 g), chez le second dont l'hypothyroïdie est pauci-symptomatique, le taux est légèrement abaissé.

Ces constatations confirment l'absence de valeur diagnostique du dosage isolé de la T3 sérique dans l'hypothyroïdie ; soulignée par plusieurs études antérieures : le taux n'est inférieur à la normale que dans 55% seulement des cas.

b.3 - La thyroxinémie totale (Normale entre 6 et 11 g/100 ml).

Nous l'avons dosée chez 9 malades ; des taux abaissés sont retrouvés chez 8 d'entre eux ; l'abaissement semble directement proportionnel à la sévérité clinique de l'hypothyroïdie : ainsi, dans 6 cas d'hypothyroïdie patente, les taux sont inférieurs à 4 g/ 100 ml voire indétectable ; dans 2 autres cas d'hypothyroïdie cliniquement modérée ou fruste, les taux sont compris entre 4 et 6 g.

Le taux sérique de la T4 réflète donc assez fidèlement le déficit fonctionnel de la glande: selon FOURNIER en cas d'hypothyroïdie, les valeurs moyenne sont de 2,48 ± 1,6 g/ 100 ml ; cependant dans la série de 50 malades de cet auteur, des taux normaux sont observés chez 9 d'entre eux. Un de nos malades confirme cette constatation ; il s'agit d'une hypothyroïdie pauci-sympotamatique avec une courbe de fixation de l'Iode 131 abaissé, mais dont le taux de T4 est à 11,5 g/100 ml et nous le verrons plus loin, il a également un ITL et un T3 test normaux.

b.4 - Le T3 test (Normale entre 13 et 33%)

Il permet d'apprécier indirectement le taux sérique de thyroxine libre ; il a été pratiqué chez 3 malades : les variations suivent assez fidèlement celle de la T4 : chez 2 malades dont l'insuffisance thyroïdienne est cliniquement patente, les taux sont respectivement de 18 et 19%. Dans le 3ème cas dont nous avons parlé plus haut, le T3 test donne un taux normal à 28%.

Ce test reste cependant peu significatif dans l'hypothyroïdie : dans l'étude de FOURNIER, il n'est positif que dans 63% des cas.

b.5 - L'index de thyroxine (ITL)

Le taux plasmatique de la thyroxine libre non liée à la protéine transporteuse varie avec les fluctuations de cette protéine ; l'intérêt du calcul de l'index de thyroxine libre réside dans le fait qu'elle fait abstraction des variations dues aux modifications de la protéine de transport.

Il a été calculé dans 4 de nos cas ; il est indétectable dans un cas d'hypothyroïdie patente, abaissé dans un autre cas mais normal chez 2 malades cliniquement peu atteints. Il s'avère donc que l'ITL, si précieux dans le diagnostic des hyperthyroïdies, est peu discriminatif dans les formes pauci-symptomatiques d'hypothyroïdie, là encore, nos résultats tendent à confirmer ceux de FOURNIER qui trouve un ITL dans 20% des cas.

B - LE DIAGNOSTIC TOPOGRAPHIQUE

Nous avons rappelé que notre étude porte exclusivement sur 24 cas d'hypothyroïdie périphérique primaire ; le diagnostic topographique repose essentiellement sur des éléments cliniques, en particulier l'existence d'un myxoedème.

Néanmoins, il a été pratiqué un dosage radio-immunologique de la thyréostimuline (TSH) chez 3 malades et un test de Quérido chez 3 autres ; dans aucun cas, un test à la thyréostimuline releasing hormone (TRH) n'a été réalisé.

1. LE DOSAGE DE LA TSH (normale inférieure à 8 UI/ml)

Chez les 3 malades, les taux sont très élevés, supérieurs respectivement à 5 fois, 30 fois et 34 fois la normale, signant ainsi à la fois, le diagnostic positif et le diagnostic topographique de l'hypothyroïdie primaire ; ce dosage constitue la clé du diagnostic des formes infra cliniques puisque dans tous les cas et quel que fût le stade clinique de l'insuffisance thyroïdienne, les taux sont supérieurs ou égal à 8 UI/ml ; les taux moyens dans la série de FOURNIER**(132)** sont de 51,9 $\pm$ 39 UI/ml.

2. LE TEST DE QUÉRIDO

Pratiqué chez 3 malades, il s'est avéré positif dans tous les cas, affirmant l'atteinte primaire de la glande thyroïde ; malgré sa valeur discriminative reconnue par tous les auteurs, le risque d'irradiation lors de la mesure de la captation par la radio-iode et le temps nécessaire à sa réalisation ont justifié son abandon en faveur du dosage de la thyréostimuline sérique ; il doit rester encore dans nos pays à moyens limités, un test de recours pour les cas difficiles.

3. LE TEST DE STIMULATION A LA TRH (Thyreostimuline Releasing Hormone)

Il n'a été réalisé chez aucun de nos malades ; inutile lorsque le taux de thyréostimulinémie basale est supérieur à 15 UI/ml ; il permet d'affiner la valeur sémiologique du dosage basal de la thyréostimuline lorsque les valeurs sont situées à la limite seulement du pathologique.

C - LE DIAGNOSTIC DE RETENTISSEMENT

Nous ne reviendrons pas sur le retentissement cardiovasculaire ; notre étude rétrospective ne permet pas non plus de préciser le retentissement hypophysaire et gonadique ; par contre, un bilan cortico-surrénalien a été réalisé chez 6 malades ; 10 autres ont bénéficié d'une étude plus ou moins complète de l'anémie.

1. LE BILAN CORTICO-SURRÉNALIEN

Il comprend le dosage urinaire des 17 hydroxycortico-stéroïdes de 24 heures et des 17 cétostéroïdes chez 6 malades ; 5 malades ont eu des taux urinaires abaissés ; pour 4 d'entre eux, l'hypothyroïdie est cliniquement patente, tandis qu'elle est fruste dans le 5ème, le dernier malade dont l'hypothyroïdie est également fruste présente des taux urinaires normaux.

La cortisolémie par contre s'est avérée normale dans les 2 cas où elle a été dosée. Les taux urinaires se sont normalisés après stimulation au tétracosactide chez le seul malade chez qui ce test a été pratiqué, démontrant le caractère deutéropathique de l'insuffisance cortico-surrénalienne. Ainsi donc, bien que réalisé chez un nombre réduit de malades, ce bilan confirme les données classiquement admises : l'atteinte de la corticosurrénale au cours de l'hypothyroïdie est le plus souvent latente cliniquement. Il s'agit d'une simple diminution de la demi-vie du cortisol et non d'une véritable insuffisance surrénale, puisque notre travail le confirme, la cortisolémie est normale.

2. L'ANÉMIE

L'hémogramme effectuée chez 10 malades objective une anémie chez 8 malades d'entre eux (80% des cas) ; elle est cliniquement bien tolérée malgré des taux d'hémoglobine à 7g/100 ml voire 4 g ; cependant elle est le plus souvent modérée entre 7 g et 11g/100M d'hémoglobine, normocytaire mais plus souvent hypochrome que normochrome ; cette hypochromie semble être en rapport avec une carence martiale présente dans les 2 cas sur 3 où le fer sérique est dosé. Il est probable qu'une mauvaise absorption intestinale du fer est la cause peut être, tout au moins en partie liée à une hypochlorhydrie gastrique fréquent ; nous n'avons trouvé qu'un cas de spoliation (due à un taeniasis) chez la seule malade présentant une anémie microcytaire, hypochrome ; en outre anémie macrocytaire témoin d'une éventuelle anémie de Biermer associée n'a été diagnostiquée. Il faut cependant avouer que l'exploration hématologique n'a pas concerné tous les malades et qu'elle a été souvent incomplète.

En résumé

Parmi les examens complémentaires permettant le diagnostic paraclinique de l'hypothyroïdie, le choix d'utilisation devrait se baser sur les conditions cliniques dans lesquelles on observe les malades et sur la valeur sémiologique de chaque examen ; tous nos cas sont de diagnostic quasi certain dès la clinique.

- Parmi les éléments d'orientation, le réflexogramme achilléen, l'hypercholestérolémie et l'E.C.G. bien que non spécifiques, gardent une certaine valeur ;
- la courbe de fixation de l'Iode 131 reflète assez fidèlement le niveau d'activité de la grande thyroïdie mais ses inconvénients et ses contre-indications en limiteraient l'utilisation ;
- le meilleur paramètre discriminatif entre euthyroïdie et insuffisance thyroïdienne périphérique reste le dosage isolé de la TSH sérique ; parmi les autres méthodes de dosage hormonaux, le dosage de l'iode hormonal est tombé en désuétude depuis l'avènement de la radio-immunologie, et à cause de la fréquence élevée de causes d'erreur ; le taux de T3 sérique n'a qu'une valeur très limitée, le dosage de

la T4 totale sérique et les méthodes dérivées sont plus significatifs mais la fréquence des faux négatifs n'est pas négligeable.

IV - LA CLASSIFICATION BIOCLINIQUE

Nos 24 cas d'hypothyroïdie se répartissent selon la classification de BASTENIE en 75% de formes symptomatiques patentes ou stade I et 25% des formes frustes ou stade II. Nous n'avons observé aucune des formes asymptomatiques purement biologiques appelées stades II et IV. Ces dernières sont caractérisées :

*** pour le stade III** par une tri-iodothyroninémie normale, une thyroxinémie normale et une thyréostimulinémie basale élevée.

*** pour le stade IV** par une tri-iodothyroninémie normale, une thyroxinémie normale, une thyréostimuline basale et un test à la thyréostimuline releasing hormone positif.

Ainsi, depuis la mise en évidence de ce caractère graduel de l'hypothyroïdie, les séries comportent des formes asymptomatiques diagnostiquées par EVERED et HALL par exemple sur la base d'un contexte anamnestique particulier caractérisé par la notion de goitre familial, d'ophtalmopathie dysthyoïdienne isolée, de vitiligo, ...

Ailleurs, le dosage systématique de la thyréostimuline résume les circonstances de découverte de ces formes occultes.

En résumé

Notre série concerne uniquement des formes symptomatiques donc évoluées contrairement aux séries actuelles. Ce fait s'explique probablement par la consultation tardive de nos malades d'une part et la pratique peu courante du dosage de la thyréostimulinémie qui devrait être entreprise systématiquement en cas d'antécédents familiaux de dysthyroïdie.

V - SUR LE PLAN ETIOLOGIQUE

Trois groupes étiologiques sont retrouvés chez nos 24 malades :

- 4 malades ayant subi une thyroïdectomie chirurgicale (3 cas) ou radiothérapique (1 cas) auraient dû être en fait exclus, mais nous les avons inclus parce qu'ils sont le prétexte d'une étude comparative ;
- 4 autres malades porteurs d'un goitre multihéténodulaire dont le nombre limité est surprenant dans un pays d'endémie goitreuse ;
- 16 malades dont le corps thyroïdie n'est pas palpable et pour lesquels aucune étiologie n'a pu être mise en évidence sont rattachables à une pathologie auto-immune probable, auto-immunité thyroïdienne illustrée par les travaux de BASTENIE.

A - <u>L'HYPOTHYROIDIE POST THYROIDECTOMIE</u>

Rare après intervention pour goitre simple, plus fréquente en cas de thyroïdectomie subtotale pour maladie de Basedow, constante parce que créée de façon équilibrée dans le cancer thyroïdien, l'insuffisance thyroïdienne post chirurgicale est en relation avec l'importance de l'exérèse.

Deux de nos malades ont subi une thyroïdectomie subtotale pour maladie de Basedow ; l'apparition de l'hypothyroïdie est précoce : 3 et 6 mois après l'intervention chirurgicale ; notre étude menée en milieu médical ne nous permet pas de chiffrer la fréquence de l'hypothyroïdie après intervention chirurgicale d'une maladie de Basedow ; cependant, cette fréquente très variable selon les statistiques est estimée entre 5 et 10%. La sévérité de l'hypothyroïdie est également variable ainsi que l'illustrent nos malades et ceux de McNEIL et THOMPSON.

Notre troisième malade a subi une lobectomie pour adénokyste de la thyroïdie : l'hypothyroïdie est d'apparition tardive (12 ans après l'intervention) fruste sur le plan clinique ; par contre une hypothyroïdie sévère est apparue chez le quatrième malade 2 ans après une irradiation externe par cobaltothérapie pour épithélioma des amygdales ; contrairement à l'irradiation isotopique par radio-iode la radiothérapie externe est exceptionnellement en cause dans l'hypothyroïdie périphérique car il existe une radiorésistance de la glande : 2,5% des hypothyroïdies périphériques contre 22,5% par l'irradiation isotopique ; cependant, dans une population de Hodgkiniens traités par radiothérapie, il existe une hypothyroïdie chez 15% d'entre eux après un an et chez 66% après six ans.

Il reste difficile chez notre malade d'évaluer avec précision la part de l'irradiation externe et celle d'une prédisposition à une atteinte auto-immune primitive de la glande thyroïde.

En résumé

L'hypothyroïdie post thyroïdectomie estimée généralement rare est impliquée chez 4 malades de notre série de 24 cas (16,7%).

En réalité, il est légitime de penser que sa fréquence est plus élevée en milieu chirurgical compte tenu du nombre de plus en plus élevé des interventions pour goitre endémique surtout si la règle d'une hormonothérapie substitutive systématique ou tout au moins d'une surveillance au long cours du malade n'est pas observée.

B - L'HYPOTHYROIDIE DU GOITRE MULTINODULAIRE

Le goitre multinodulaire n'a pas été observé dans la série de 400 cas de WATANAKUNAKORN ni dans celle de 80 cas de BLOOMER et KYLE en Amérique du Nord.

Il en est autrement dans les zones d'endémie goitreuse où la prévalence du goitre chez l'adulte est de 30%. Toutefois, la fréquence de l'hypothyroïdie y reste mal connue même en milieu hospitalier. Cependant, des enquêtes dans la population générale ont montré l'existence du déficit hormonal : 59% dans l'Est du Zaïre, 49% dans certaines régions de la Grande Kabylie en Algérie et plus rarement au Nord Ouest de la Côte d'Ivoire où GUEYE observe 0,11% d'hypothyroïdie primaire.

Rappelons toutefois que dans la série zambienne de 9 hypothyroïdies primaires et où n'existent qu'un Noir Africain, MULAISHO et SHARIEFF ne trouvent qu'un cas. Ce fait apparaît surprenant eu égard à la prévalence du goitre endémique qui est de 50% dans ce pays.

L'âge de nos malades hypothyroïdiens avec goitre multihétéronodulaire est respectivement de 21, 39, 48 et 80 ans.

Classiquement l'hypothyroïdie acquise par goitre multihétéronodulaire survient à la puberté à la faveur d'une demande supplémentaire en hormones thyroïdiennes et après la cinquième décennie du fait de grossesses multiples chez la femme .

Nos cas sont tous féminins. Cette constatation est en accord avec celles de CLEMENTS pour qui les manifestations cliniques sont 6 fois plus fréquentes chez la femme.

L'hypothyroïdie fruste est souvent méconnue. Elle se particularise par l'existence d'un goitre de volume variable souvent multihétéronodulaire. La récidive du goitre après un traitement chirurgical est une éventualité décrite et que nous avons observé 2 fois parmi nos cas.

La scintigraphie thyroïdienne à l'iode 131 a confirmé le caractère multihétéronodulaire dans les 2 cas où elle a été pratiquée. Ce fait rappelle les données classiques. Le taux de fixation de l'iode 131 est normal dans 2 cas où il a été fait. La constatation d'une fixation normale du radioiode est habituelle dans L'hypothyroïdie par goitre endémique. Sur le plan biologique, les dosages hormonaux montrent une hyperthyroïdie dont la sévérité reflète l'intensité de la carence iodée et l'endémicité du goitre. Sur le plan pathogénique, à côté de la carence en apport iodé, le facteur étiologique classique et du rôle de facteurs goitrigènes, les facteurs génétiques semblent déterminants.

Les facteurs goitrigènes sont les choux de la famille des Brassica et Ruabaga en Tchécoslovaquie**(78)** et surtout le manioc type cassave dans les régions d'Afrique Centrale.

Dans nos cas, seule une notion de goitre héréditaire a été retrouvée dans 2 cas. Enfin, sur le plan anatomique et histologique, Nous avons rappelé que ce goitre évolue en plusieurs stades; d'abord parenchymateuse et réversible, puis colloïdienne ; l'hyperplasie thyroïdienne ne compense une inefficacité de la "pompe à iode" et maintient l'euthyroïdie dans une première phase qui va de l'enfance à l'âge adulte. Ensuite à l'âge de la maturité, ce goitre devient nodulaire et hypothyroïdien.

C - <u>L'HYPOTHYROIDIE PAR ATROPHIE THYROIDIENNE</u>

L'hypothyroïdie par atrophie thyroïdienne s'observe dans 66,6% de nos cas ; nous n'avons retrouvé dans la littérature africaine aucune étude portant sur cette étiologie ; à l'inverse de nombreuses études européennes constitue la première cause de l'hypothyroïdie primaire acquise de l'adulte : dans les services hospitaliers, elle est retrouvée chez 43 à 55% des malades en accord avec notre étude ; toutefois les travaux de GUINET ne retrouvent 13% des cas dans une série où la thyroïdite de HASHIMOTO est particulièrement fréquente (35%) ; or pour des auteurs tels que

BASTENIE, la "thyroïdie involutive" n'est qu'une variante atrophique de la thyroïdite de HASHIMOTO.

La quasi totalité de nos malades à l'exception d'une littérature sont des Noirs Africains, ce qui prouvait, si besoin en était encore, que l'affection existe bien chez les Noirs Africains.

L'âge moyen de nos malades est de 47 ans et se situe à une décennie au-dessous de l'âge habituellement rapporté dans les séries occidentales ; la prédominance féminine est aussi nette dans notre étude(80%) que dans celle de la plupart des auteurs (80 à 85%).

Sur le plan clinique, l'hypothyroïdie est patente dans 87% de nos cas et comporte un nombre élevé de formes compliqués (9 cas sur 14) ; aucune forme asymptomatique n'existe dans notre série contrairement aux études occidentales récentes où les méthodes radio-immunologiques ont permis de montrer que les formes biologiques pures constituent 75% des cas d'atrophie thyroïdienne. Ces mêmes techniques ont mis en évidence une thyroïdite atrophique chez 7% de la population générale en Grande Bretagne.

Sur le plan pathogénique, nous n'avons malheureusement pas pu mener à terme une étude immunologique et histologique de nos cas ; cependant un processus auto-immun de destruction progressive de la glande est hautement probable chez nos malades ; quelques arguments cliniques plaident en faveur de cette théorie : la prédominance féminine et la prédilection de l'affection pour le sujet de la cinquantaine ou plus sont habituellement rencontrés dans les maladies auto-immunes ; la coexistence d'un diabète sucré dans 3 cas, la notion d'une dysthyroïdie familiale, l'atrophie du corps thyroïde prouvée par scintigraphie dans 6 cas, plaident en effet en faveur d'un processus auto-immun.

Sur le plan biologique, l'existence d'une hypergamaglobuline constitue un argument supplémentaire. Les conditions de notre travail ne nous ont pas permis de la rechercher.

En résumé

L'atrophie thyroïdienne auto-immune constitue la cause la plus fréquente des hypothyroïdies acquise primaires de l'adulte : 66,6% des cas de notre courte série ; son origine auto-immune reste hautement probable sans que nous puissions l'affirmer en l'absence d'une étude immunologique et histologique ; les autres causes sont la thyroïdectomie chirurgicale ou exceptionnellement radiothérapique et le goitre multihétéronodulaire.

Nous n'avons retrouvé aucun cas de thyroïdie subaiguë ou chronique ni aucune cause médicamenteuse. Ces constatations s'expliquent probablement par la petite taille de notre série et demande à être confirmée par des études ultérieures.

VI - SUR LE PLAN THERAPEUTIQUE

Dans notre série de 24 cas d'hypothyroïdie périphérique, 3 malades ont été perdus de vue avant l'institution du traitement : parmi ceux qui ont été traités, seuls 13 ont été régulièrement suivis ; l'hormonothérapie substitutive appliquée chez 20 malades a fait appel aux extraits thyroïdiens dans 18 cas ; la thyroxine a été utilisée soit en première intention (2 cas), soit en relais des extraits thyroïdiens (5 cas) ; la tri-iodothyronine n'a été prescrite que chez une seule malade.

Les doses utilisées et leur augmentation progressive ont été déterminées en fonction de l'âge du sujet, de l'existence ou non de complications cardiaques chez 7 malades.

L'équilibre thyroïdien a été obtenu de façon satisfaisante chez 6 malades sur les 13 suivis (46%) ; chez 5 autres, l'équilibre restait précaire ; cette différence dans les résultats tient à l'irrégularité dans le traitement, du fait du sous-développement socio-culturel et économique et de l'éducation insuffisance des malades.

Les résultats moyens que nous observons chez nos malades restent inférieurs à ceux habituellement rapportés par différents auteurs qui s'accordent à souligner l'efficacité rapide et spectaculaire du traitement hormonal sur les signes fonctionnels ; ceci indépendamment du type de médicaments choisis (extraits thyroïdiens), thyroxine ou tri-iodothyronine. Si les extraits thyroïdiens peuvent présenter des variations de composition en raison de leur origine animale, ils restent un produit très fidèle, permettant une induction rapide. Cependant, certains auteurs leur reprochent l'inconvénient d'avoir des proportions en T3 et T4 inadéquates et variables à l'origine d'effets secondaires inattendus à type d'hyperthyroïdie. Nous en avons observé un cas chez un de nos malades. Parfois, ils sont responsables d'une décompensation d'une insuffisance coronarienne.

Quant à la thyroxine, elle est pour plusieurs auteurs le produit de choix du fait de son effet retardé et prolongé permettant d'obtenir des taux sanguins très stables : c'est un produit adapté à un traitement au long cours . A l'inverse, la tri-iodothyronine a une action plus rapide et moins durable, qui entraîne des variations plus importantes des taux sanguins et par des effets secondaires neuro-végétatifs plus marqués, aussi n'est-elle pas utilisée comme traitement d'entretien ; elle trouve par contre une indication de choix en cas d'urgence .

Ces résultats thérapeutiques moyens sur le plan endocrinien le sont aussi au niveau des complications.

L'hypertension artérielle, dans sa forme survenant depuis peu de temps chez des sujets jeunes dont le cholestérol est très élevé a beaucoup de chance de régresser sous l'influence de l'hormone thyroïdienne. Dans notre série, 2 hypertendus sur 4 ont amélioré leurs chiffres tensionnels sous l'association béta bloquant, diurétique et hormonothérapie bien qu'il ne s'agit pas de sujets jeunes. Ce fait est observé par J. JOLY selon qui après correction de l'hypothyroïdie, la tension systolique revient à la normale plus d'une fois sur quatre et dans la plupart des autres cas, les chiffres tensionnels sont ensuite facilement contrôlés par les hypotenseurs habituels. Nous avons noté que la moitié de nos 4 cas d'hypertension artérielle traités sont sévères et non modifiés par les diurétiques associés à l'hormonothérapie. L'association d'autre antihypertenseur pourrait améliorer ces résultats thérapeutiques dans notre série.

Au total, bien loin d'être une contre indication au traitement hormonal substitutif, l'existence d'une hypertension artérielle au cours du myxoedème invite au contraire à faire précéder l'éventuel traitement par celui du myxoedème.

L'insuffisance coronarienne est l'un des problèmes délicats sur le plan thérapeutique.

Si l'insuffisance coronarienne est seulement soupçonnée ou plausible (âge avancé, hypothyroïdie ancienne, hypercholestérolémie), un essai thérapeutique est légitimé mais avec une posologie d'une prudence particulière. Cette posologie faible et progressive sera associée à des béta bloqueurs et se contentera d'une compensation partielle en général.

Il en est ainsi dans un de nos cas où en fait, le diagnostic de l'ischémie est exclusivement électrique et le seul traitement du dipyridamol associé à l'hormonothérapie. D'ailleurs pour BRICAIRE très souvent l'électrocardiogramme s'améliore jusqu'à se normaliser faisant alors discuter la réalité de la coronarite.

S'il y a déjà des crises anciennes, l'hormonothérapie n'est pas forcément contre indiquée surtout s'il existe une forte hyperlipidémie. Le traitement en milieu hospitalier comporte des anticoagulants, des béta bloquants à doses prudentes en plus de l'hormonothérapie progressive. Dans les cas favorables comme dans l'un de nos cas, les crises angineuses cèdent parallèlement à l'amélioration endocrinienne. Si elles persistent ou s'accentuent, il vaut mieux renoncer.

En cas d'insuffisance cardiaque, les béta bloquants ne peuvent être utilisés. une opothérapie minime sous digitalo-diurétique peut être tentée en milieu hospitalier en sachant y renoncer en cas d'aggravation.

Il est classique de souligner d'emblée que l'évolution spontanée comme la thérapeutique tonicardiaque n'amène aucune amélioration. Un malade illustre ce mode évolutif dans notre série du fait d'une hypothyroïdie méconnue.

L'amélioration souvent rapide peut être spectaculaire, l'insuffisance cardiaque myxoedémateuse ne constitue pas une contre indication de l'opothérapie bien au contraire, sa caractéristique est de dépendre exclusivement de la thérapeutique substitutive, mais cela à deux conditions. En premier lieu, qu'il s'agit bien d'une insuffisance cardiaque liée au myxoedème et non pas à une autre cause (insuffisance cardiaque chez un myxoedémateux et non pas insuffisance cardiaque du myxoedème) ; en second lieu que le traitement opothérapie soit très progressif.

Ailleurs l'évolution reste dissociée (amélioration radiologique sans grande modification électrique). Il convient alors de suspecter systématiquement la possibilité d'une coronarite jusqu'ici latente mais en train de se démasquer, surtout si la perturbation porte uniquement sur la repolarisation.

Nous avons souligné qu'outre l'épanchement péricardique, l'épanchement péritonéal et surtout pleural peuvent apparaître d'emblée ou au cours de l'évolution du coeur myxoedémateux, posant le difficile problème du diagnostic différentiel d'une défaillance cardiaque ou d'un anasarque, comme nous l'avons observé dans un de nos cas.

En résumé

Sur le plan thérapeutique, les extraits thyroïdiens utilisés dans 90% des cas n'ont entraîné un équilibre thyroïdien que dans 46% des cas. Ce résultat moyen est le fait d'une irrégularité dans le traitement, irrégularité qu'explique le sous développement socio-culturel et économique et de l'éducation insuffisante des malades. De même, le résultat thérapeutique des complications cardiovasculaire est moyen ; l'hypertension artérielle ne s'amende que dans la moitié des cas tandis que sur les 3 coronarites traités, un cas d'infarctus myocardique compliqué de défaillance cardiaque a imposé l'expectative enfin, un autre cas de défaillance cardiaque sur les 6 cas traités, s'est transitoirement aggravé du fait d'un arrêt de l'hormonothérapie.

CONCLUSIONS

Notre étude rétrospective porte sur 24 cas d'hypothyroïdie primaire colligés entre 1969 et 1983 (soit en 14 ans) parmi 45.774 malades hospitalisés en Médecine Interne dans les 3 principaux hôpitaux de Dakar. Au terme de notre travail, nous pouvions tirer les conclusions suivantes :

1. SUR LE PLAN ÉPIDÉMIOLOGIQUE

L'hypothyroïdie périphérique en service de Médecine a une fréquence de 0,05% ; cette fréquence est apparemment plus faible que celle des hypothyroïdies d'origine centrale qui est de 0,08%. En réalité, l'affection est moins rare si l'on tient compte de sa prévalence de 0,58% retrouvée parmi les 2.218 malades dépistés en 4 ans en consultation spécialisée à Dakar.

De même, l'hypothyroïdie est beaucoup plus fréquente en Europe atteignant 3,5% voire 8%**(36)** du fait d'un meilleur dépistage clinique et biologique faisant appel à des tests affinés**(116)**. Ailleurs en Afrique, même si la pauvreté des données épidémiologiques ne permet qu'une comparaison approximative, en zone d'endémie goitreuse, l'hypothyroïdie cliniquement patente n'est pas rare, car elle atteint 10% de la population dans certaines régions du Zaïre. Plus, la fréquence des formes diagnostiquées sur la base d'un taux de P.B.I. serait très élevée atteignant 56% à l'Est du Zaïre et 65% en Grande Kabylie (Algérie). Ces fréquences non négligeables et nos propres constatations justifient des enquêtes épidémiologiques ou tout au moins le renforcement des moyens de diagnostic biologique.

Le dépistage précoce de ce facteur de risque vasculaire est d'autant plus important que l'affection touche l'adulte, l'âge moyen de nos malades étant à l'image de ceux d'autres auteurs, de 45 ans.

Nous avons signalé que l'affection n'épargne pas les enfants à Dakar où 7 cas pédiatriques sont rapportés dans un travail inaugural.

2. SUR LE PLAN CLINIQUE

L'hypothyroïdie ne présente chez nos malades aucune particularité en dehors de la grande fréquence des formes symptomatiques complètes myxoedémateuses ; 75% des cas de notre série sont au stade I de BASTENIE et 25% au stade II.

Aucun malade n'est dépisté aux stades III et VI qui sont asymptomatiques et de diagnostic purement biologique. Cette grande fréquence des formes complètes s'explique par un retard de dépistage : la durée moyenne de l'évolution au moment du diagnostic est de 6,6 années.

Ainsi, ni l'infiltration cutanéomuqueuse observée dans 3/4 des cas, ni l'asthénie (1/4 des cas), la frilosité et la constipation (50% des cas) n'ont inquiété nos malades. Cette constipation fréquente comme dans les travaux classiques (381,387) réalise un iléus paralytiques dans un cas. Les troubles menstruels sont aussi fréquents que l'infection génitale (20% des cas). Les signes cutanéomuqueuses et phanériens sévères (1 cas de pédale décalvante) ne présentent pas d'autres particularités en dehors d'un myxoedème patent. Les signes musculaires, eux aussi sont sévères, réalisant 2 cas de pseudomyopathie hypertrophique sans myotonie.

Ce sont les complications cardiovasculaires qui constituent en fait le motif de consultation le plus fréquent, et elles seules confèrent à notre série son originalité. L'hypertension artérielle retrouvée chez 52% des malades est plus fréquente dans nos cas que dans ceux de la littérature européenne (381,387), elle se complique elle-même d'insuffisance cardiaque (30% des cas), et/ou une insuffisance coronarienne. Cette fréquence est probablement sous estimée dans notre courte série, du fait de nos moyens de diagnostic limités. Il en est de même de la péricardite diagnostiquée radiologiquement et électriquement chez 79% de nos malades alors que diverses études basées sur l'échocardiographie la retrouvent entre 70 et 100% des cas.

Nous avons signalé que l'atteinte rénale a été mal explorée dans notre série. Sur le plan évolutif, aucun malade ne s'est présenté avec un coma myxoedémateux et les conditions de notre travail ne nous permettent pas de préciser le devenir des patients.

3. SUR LE PLAN PARACLINIQUE

Pratiquement tous nos cas sont de diagnostic certain dès la clinique (stade I et II de BASTENIE). Cependant, nous avons eu recours à un certain nombre d'examens complémentaires. L'analyse des résultats et leur étude comparative avec les données de la littérature permettent de conclure que, parmi les éléments d'orientation, le réflexogramme achilléen et la cholestérolémie, bien que non spécifiques gardent une valeur certaine.

a - Le réflexogramme achilléen a un allongement d'autant plus important que l'hypothyroïdie est patente, confirmaient les données classiques.

b - L'hypercholestérolémie est quasi constante (95% de nos cas) témoignant de la grande fréquence des troubles du métabolique lipidique. Pourtant, cette hypercholestérolémie se particularisent chez nos malades par un taux d'HDL cholestérol élevé et un indice d'arthérogénécité inférieur ou égal à la moyenne générale. Cependant, ce fait devra être confirmé par des études ultérieures portant sur de plus grandes séries : ce taux d'HDL déjà rapporté dans une population d'obèses sénégalais est surprenant et difficile à interpréter puisqu'il s'observe également chez des hypothyroïdiens présentant une insuffisance coronarienne.

c - Les tests à l'iode 131 permettent d'objectiviser une hypofixation dans 75% des cas. L'image scintigraphique à l'iode 131 était blanche ou de "fixation faible" quand la thyroïde est atrophique. En cas de goitre, l'aspect du scintigramme permet de confirmer la nature multihétéronodulaire.

d - Parmi les dosages hormonaux, notre étude confirme également l'absence de valeur diagnostique du dosage isolé de la T3 sérique dont le taux n'est inférieur à la normale que chez 55% seulement des cas d'hypothyroïdies ; par contre, le dosage de la thyroxinémie sérique (T4) et les méthodes dérivées sont plus significatifs mais comme le montre un de nos cas, des faux négatifs sont possibles.

La clé du diagnostic reste le dosage de la TSH sérique : chez 3 de nos malades, chez qui ce dosage est réalisé, les taux sont respectivement 5 fois, 30 fois et 34 fois supérieurs à la normale ; ces constatations sont en accord avec les données de la littérature. Dans tous les cas, quel que soitle stade clinique de l'insuffisance thyroïdienne primaire, les taux de TSH sont élevés ou normaux. La grande valeur discriminative du dosage de la TSH sérique a permis d'abandonner le test de Quérido ; cependant dans nos pays à moyens limités, le test à la TSH pourrait garder toute la valeur que lui reconnaissent tous les auteurs pour le diagnostic topographique des formes incomplètes. Aucun malade n'a eu besoin dans notre série d'un test de stimulation à la TRH.

4. SUR LE PLAN ÉTIOLOGIQUE

3 étiologies sont retrouvées chez nos 24 malades.

a - L'hypothyroïdie était secondaire à une thyroïdectomie chirurgicale (3 cas) ou radiothérapique (1 cas) ; estimée généralement rare, sa fréquence réelle devrait être mieux précisée en milieu chirurgical compte tenu du nombre de plus en plus élevé des interventions pour goitre.

b - Le goitre multihéténodulaire constitue l'étiologie de l'hypothyroïdie chez 4 autres malades de sexe féminin : l'hypothyroïdie est cliniquement fruste, 3 fois sur 4, le goitre de volume variable et récidivant dans 2 cas.

c - L'hypothyroïdie par atrophie thyroïdienne s'observe chez 16 malades (70% des cas) ; elle constitue dans notre courte série comme dans celle de nombreux auteurs occidentaux, la première cause d'hypothyroïdie périphérique avec une origine auto-immune hautement probable dans que nous puissions l'affirmer en l'absence d'une étude immunologique et histologique. Même dans les 3 cas où un diabète sucré est associé, aucun argument ne nous permet d'affirmer l'origine auto-immune de cette association rapportée par d'autres auteurs dans 9 à 12% des cas d'hypothyroïdies . Nous n'avons pas trouvé d'autres étiologies chez nos malades.

5. SUR LE PLAN THÉRAPEUTIQUE

Les extraits thyroïdiens utilisés dans 90% des cas n'ont entraîné un équilibre satisfaisant que dans 46% des malades régulièrement suivis ; chez 5 autres malades, l'équilibre reste précaire ; ces résultats moyens sont le fait d'une irrégularité dans le traitement liée au sous-développement socio-culturel et économique et à l'insuffisance de l'éducation des malades.

Ces mêmes raisons expliquent que sur 24 malades, seuls 13 ont pu être suivis régulièrement avec un recul suffisant.

Le traitement des complications a également donné des résultats moyens: l'hypertension artérielle n'est réduite que dans la moitié de nos cas par un traitement diurétique et/ou par les béta-bloquants ; chez 2 malades, une insuffisance cardiaque et une insuffisance coronarienne se sont aggravées sous traitement.

Les résultats moyens que nous observons chez nos malades restent inférieurs à ceux habituellement rapportés par différents auteurs et s'expliquent en grande partie par nos conditions de travail ; c'est dire encore l'importance d'un dépistage précoce de l'hypothyroïdie grâce à des moyens biologiques fiables et accessibles dans un but de prévention des complications cardiovasculaires qui font toute la gravité de l'hypothyroïdie primaire.

TROISIEME RUBRIQUE - SYNTHESE BIOCLINIQUE

Nous avons eu l'expérience dans deux cas d'une tumeur carcinoïde, dans l'un de localisation duodénale chez un homme de 65 ans, dans l'autre de localisation bronchique avec notion d'hyperprolactinémie chez une jeune femme de 35 ans (expériences non publiées). Par ailleurs, nous avons eu à rapporter un cancer médullaire de la thyroïde de diagnostic histopathologique en l'absence de tout marqueur biologique d'apparence cliniquement isolée et en dehors de toute enquête familiale. En outre, nous avons rapporté une observation d'une hyperkalcémie avec acidose tubulaire, ulcère du bulbe et lithiases vésiculo-urinaires chez un hypothyroïdien qui laisse penser à une relative hyperparathyroïdie qui, du reste, est assez sévère pour entraîner une calcinose et d'un ulcère témoin d'une sécrétion excessive de gastrine non dosée en association avec une thyroïdite auto-immune atrophique. La National Library of Medecine ne signale pas un cas similaire à ce jour depuis notre observation en fin d'études médicales en 1982(1,2) . L'association apudome-myxoedème ou apudome-troubles de l'immunité a été rarement sinon jamais décrite. L'hypodparathyroïdie idiopathique s'intègre parfois dans le cadre d'une insuffisance pluriendocrinienne notamment surrénale et gonadique. Elle peut s'associer à une thyroïdite d'Hashimoto ou un diabète. Ces conjonctions cliniques sont parfois familiales. Une candidose cutanéo-muqueuse est fréquente. La triade de Whitaker associe une hypoparathyroïdie primitive, une insuffisance surrénale et une candidose. L'hypoparathyroïdie peut également être associée à d'autres affections auto-immunes : anémie de Biermer, lupus érythémateux disséminé, vitiligo, syndrome de Sjögren. Certains cas familiaux suggèrent une transmission autosomique récessive (3).

Le rôle des hormones sur la croissance et le développement est connu depuis longtemps, mais nos connaissances sur l'ontogenèse des hormones se sont développées surtout depuis trois décennies et plus particulièrement dans les quinze dernières années. Cependant, il n'est pas rare, encore maintenant, de considérer que les glandes endocrines possèdent une capacité d'auto-différenciation. En fait, les différents stades de l'ontogenèse des hormones sont connus de manière très variable. Les données concernant les premières années de la vie et de l'adolescence sont assez abondantes. Celles concernant la période périnatale deviennent de plus en plus riches. Mais la période fœtale reste encore mal connue chez l'homme, pour des raisons d'éthique évidentes, malgré le développement des techniques de plus en plus sensibles et spécifiques ; par contre, chez l'animal de laboratoire, les notions les concernant sont abondantes et certains modèles expérimentaux permettent de voir sous un jour nouveau des faits jusque-là simplement observés chez l'homme. L'ébauche principale de la thyroïde apparaît précocement parmi les ébauches de la langue et va migrer à la face antérieure du cou en même temps qu'elle s'isole et devient bilobée. Des ébauches accessoires issues de la 4ème poche endobranchiale prennent part à l'organogenèse de la thyroïde. Il est à noter qu'avant les premiers signes d'activité apparaissent dès le 29ème jour de gestation avec la synthèse de thyroglobuline, puis vers 10 semaines, la fixation de l'iode et son incorporation dans la tyrosine. Il semble que le développement se fasse en l'absence de TSH hypophysaire, on ignore encore par quel mécanisme. Les taux sériques de T4 libre et totale s'accroissent de la 13ème à la 34ème semaine pour progresser plus lentement ensuite. La T4 semble être l'hormone thyroïdienne essentielle puisqu'il y a une relative déficience de T3 pendant la gestation. La T4 est également présente seule, dans le liquide amniotique, sans qu'il y ait de corrélation entre les concentrations amniotiques et celles observées dans le sérum du fœtus. Le transfert transplacentaire des hormones thyroïdiennes paraît limité. La naissance est caractérisée par un profil hormonal de type « thyrotoxicose » avec une élévation brutale deT4 libre et totale et surtout de T3 libre et totale. Mais cet état ne dure que deux à trois jours avec une diminution importante de T3 dès le deuxième jour. Mais les taux hormonaux ne retrouveront des valeurs égales à celles de l'adulte qu'après la fin de la première année. Les cellules à calcitonine sont présentes dans la thyroïde chez le fœtus humain dès 14 semaines de gestation comme on peut l'observer par immunocytochimie. Par dosage radioimmunologique, la calcitonine est décelable à partir de 15 semaines de gestation. Entre 15 et 17 semaines, la concentration de calcitonine dans la thyroïde est comprise 5,5 et 19 ng/g de tissu. Elle est plus élevée entre 18 et 27 semaines (24 à 56 ng/g de tissu). Il n'a pas été mis en évidence de corrélation entre la concentration de calcitonine de la thyroïde et l'âge gestationnel. La calcitonine est décelable dans le sérum des prématurés de 29 semaines mais il n'existe pas de données concernant les taux sanguins entre 15 et 28 semaines de gestation. A la naissance, les taux sanguins de calcitonine élevés (7 ng/m) chutent pendant les deux premières heures, puis s'élèvent entre la deuxième et la cinquième heure de vie pour atteindre un maximum de l'ordre de 200 à 300 pg/ml. La concentration reste élevée à ce niveau pendant 24 à 48 heures pour redescendre à des niveaux normaux (> 150 pg/ml) vers le troisième où le quatrième jour. Si l'enfant est prématuré, la concentration peut être élevée, de l'ordre de 2000 pg/ml et il existe une corrélation négative entre la concentration sanguine de calcitonine vers 12 à 24 heures de vie et l'âge gestationnel. Cette corrélation est indépendante de la calcémie. La parathormone est mise en évidence par l'immunocytochimie dans les glandes parathyroïdes chez le fœtus humain dès 10 semaines de gestion. A la naissance, les taux sériques sont très bas mais s'élèvent à la fin de la première semaine. Le calcium sérique chez le fœtus provient de la mère. Le calcium total et le calcium ionisé diminuent légèrement pendant 48 heures avant d'augmenter. Le phosphore augmente régulièrement. Le rôle de la parathormone et de la calcitonine dans la régulation de la calcémie pendant la période néonatale apparaît difficile à cerner avec précision. L'hypercalcitoninémie en particulier reste non expliquée. La différenciation morphologique des principales structures digestives survient précocement chez le fœtus : les villosités intestinales par exemple, sont observées dès 10 semaines de gestation. Les cellules endocrines deviennent décelables par immunocytochimie entre 8 et 16 semaines de gestation. Généralement, la quantité d'hormones digestives peptidiques présentes dans le tractus digestif est mesurable par la méthode des dosages radioimmunologiques. Dans l'estomac, les cellules D, à somatostatine, existent dès 12 semaines de gestation, les cellules G à gastrine à 14 semaines. Dans le duédo-jéjunum, la somastostatine (cellules D) est l'apparition précoce, dès 8 semaines, suivie à 10 semaines par la gastrine (cellule G) et la cholécystokinine (cellule I) puis à 14 semaines par le « gastric inhibiting peptide » (GIP) dans les cellules K, la sécrétine dans les cellules S et la motiline qui serait localisée dans les cellules EC_2. Dans l'iléon, la somatostatine est visible à 8 semaines ainsi que la glicentine renfermeraient également un peptide apparenté au groupe polypeptide pancréatique (PP)- peptides YY (PYY). Dans le colon, la somatostatine existe à 10 semaines ainsi que la glicentine, et le groupe PP-PYY. Au cours de la vie foetale, la distribution des cellules élaborant les hormones digestives est la même que chez l'adulte le long du tractus intestinal. La concentration de ces peptides varie pendant la gestion en fonction de l'âge et du segment du tube digestif. A la naissance, peu de données existent encore, mais il existe une hypergastrinémie et une hypersécrétinémie qui décroissent lentement pour atteindre des taux de type adulte plusieurs semaines après la naissance. D'autres hormones, comme le GIP ou le PP bien que présentes dans le sang, sont à des taux inférieurs à ceux de l'adulte. Il paraît encore trop tôt pour esquisser un schéma au sujet de la régulation de la sécrétion de ces peptides. Le rôle qu'ils peuvent jouer au cours de l'ontogenèse est encore mal connu (4).

Ceci nous amène à envisager la question de la régulation et des interactions des divers secteurs du système endocrinien diffus entre eux d'une part, avec les glandes endocrines compactes d'autre part. Ce domaine est encore assez mal exploité en raison même de l'éparpillement des cellules du système qui ne se prêtent pas facilement aux méthodes de l'endocrinologie expérimentale traditionnelle, de la multiplicité de leurs sécrétions et de la difficulté à distinguer ce qui revient à l'endocrinie et à la paracrinie. Il n'est pas possible de détailler ici les multiples effets exercés par toutes les substances sécrétées par le système endocrinien diffus. Par exemple, la somatostatine exerce une inhibition sur un grand nombre d'hormones élaborées par des glandes endocrines compactes aussi bien que par le système endocrinien diffus ou d'autres tissus : STH, TSH, FSH, ACTH, TRH, insuline, glucagon, VIP, PP, glicentine, calcitonine, gastrine, CCK, motiline, sécrétine, rénine. En revanche, sa sécrétion est stimulée par l'histamine, la norépinéphrine, l'insuline, la sécrétine, la pentagastrine et la bombésine. On voit que certains de ces substances figurent parmi celles inhibées par la somatostaine, ce qui suggère un mécanisme de rétroaction. Il en va de même pour le couple représenté par la gastrine, la première favorisant la sécrétion de la seconde qui, à son tour, l'inhibe. Il existe cependant, d'autres antagonistes : le glucagon stimule la décharge de calcitonine qui, on vient de le voir, freine la gastrine. Par ailleurs, la sécrétine et le GIP ont un effet insulinogène. La cholécystokinine stimule la sécrétion de sécrétine et de glucagon, l'insuline, l'adrénaline, la parathormone, celle de la gastrine. Les oestrogènes élèvent le taux de la calcitonine. La neurotensine favorise l'élaboration de glucagon et inhibe l'action de la pentagastrine. La bombésine influe positivement sur la sécrétion de gastrine, mais s'oppose à celle de VIP. Si l'on tient compte, pour les cellules du système endocrinien diffus, situées dans les muqueuses, de l'influence des modifications pH dans la lumière de l'organe et du contact direct possible avec des substances diverses, on mesure l'intrication des activités fonctionnelles. Enfin, des données expérimentales, ainsi que la constatation d'effets thérapeutiques, font envisager l'influence stimulante de la STH sur le système endocrinien diffus, dont on retrouve l'homologie inverse, comme on vient de le voir, avec la somatostatine (5).

Les syndromes hypoparathyroïdiens regroupent toute une variété d'affections qui se distinguent par leur physiopathologie et leur présentation clinique et biologique. Ils doivent être distingués en deux grands types :

- les hypoparathyroïdies vraies relevant d'une absence spontanée ou provoquées de sécrétion de parathormone (PTH) ;
- les pseudo-hypoparathyroïdies (PsH) liées à un défaut d'action de la PTH conduisant à une hypersécrétion réactionnelle de cette hormone. Les progrès réalisés dans la connaissance de la PTH permettent de mieux comprendre la diversité des PsH.

L'amélioration des dosages de PTH apporte une aide précieuse au diagnostic étiologique des syndromes hypoparathyroïdiens. Le rôle des parathyroïdes sur la régulation de la calcémie a été décovuert en 1909 par Mc CALLUM et VOEGTTIN qui observèrent qu'une parathyroïdectomie totale chez le chien entraînait une hypocalcémie. La description clinique détaillée des syndromes hypoparathyroïdiens est due à ALBRIGHT en 1939. Il décrit en 1942 les caractéristiques cliniques et biologiques de la pseudohypoparathyroïdie. L'amélioration des connaissances sur la physiologie de la PTH et les progrès réalisés pour son dosage ont permis depuis une trentaine d'années de mieux comprendre la physiopathologie des hypoparathyroïdies etdes différents types de PsH. Les PsH ont constitué le premier exemple en pathologie humaine de syndrome de résistance hormonale. Le syndrome de Fahr est une caractéristique de l'hypoparathyroïdie dans ses manifestations objectives. Son équivalent dans le tableau de notre patient est la lithiase vésiculorénale témoin d'une calcinose que nous n'avons retrouvée dans la littérature que dans 3 cas de syndrome de Whitaker en 1993 (6) avec une calcification du ganglion basal, en 2001 (7) avec des calcifications vasculaires et enfin en 2003 (8) avec des calcifications aortiques thoraciques. Signalons que le signe de Fahr décrit en 1930 s'observe dans les hypoparathyroïdies comme dans les pseudo hypoparathyroïdies. Les dosages radio-immunologiques de la parathormone plasmatique ont connu de grands progrès grâce à la synthèse de la molécule Entière et des différents fragments de la PTH humaine et grâce à la spécificité des anticorps actuellement disponibles. Ainsi, le dosage immunoradiométrique par double anticorps de la PTH se révèle d'une très grande sensibilité. Un aux indétectable ou bas de PTH, en présence d'une hypocalcémie et d'une hyperphosphorémie, plaide fortement en faveur d'une hypoparathyroïdie vraie. Au contraire, un taux élevé de parathormone élevée orienterait vers une PsH. Dans la forme pseudo hyparathyroïdienne, la normocalcémie est possible. De même, la pseudo-pseudo hypoparathyroïdie, le syndrome dysmorphique et parfois les altérations intellectuelles sont présentes alors que la calcémie, la phosphrémie, la parathormone plasmatique et l'AMP cyclique néphrogéniques sont normaux, de même que la réponse osseuse et rénale à l'infection de PTH. Il s'agit vraisemblement de forme incomplète de la maladie. Dans les formes pseudo-hypo-hyperparathyroïdie, le syndrome dysmorphique ou ostéodustrophie héréditaire d'ALBRIGHT comporte une petite taille, avec obésité fréquente, un faciès arrondi, lunaire, avec traits empâtés, un coup bref, une bradymétacarpie et une bradymétatarsie réalisant des mains et des pies courts et trapus. Dans les formes mineures, on note seulement une brièveté du quatrième métacarpien. Les hypercalcémies endocriniennes peuvent s'observer dans l'hyperthyroïdie comme dans l'hypothyroïdie ainsi que dans l'acromégalie et l'insuffisance rénale (9). Les investigations que justifie la découverte d'une hypercalcémie ont pour objectifs d'en évaluer la gravité et d'en préciser l'étiologie, afin de choisir le traitement adapté à chaque cas particulier. Nombreuses et variées, les causes des hypercalcémies non hyper-parathyroïdiennes sont dominées par la pathologie tumorale. Les glucocorticoïdes exercent un effet sur la formation et la résorption de l'os. In vivo, les glucocorticoïdes peuvent augmenter la résorption de l'os indirectement en diminuant l'absorption de calcium et en produisant un hyperparathyroïdisme secondaire. Les faibles taux de glucocorticoïdes augmentent l'activité ostéoclastique dans la culture de l'organe alors que les taux élevés l'inhibent peut-être en diminuant la production de cytokines et de prostaglandines. Les glucocorticoïdes augmentent la différenciation des précurseurs de l'ostéoblaste dans les cultures cellulaires et causent une augmentation transitoire de la synthèse de collagène dans l'os dans la culture d'organe possiblement comme conséquences d'une sensibilité accrue à IGF-1 endogène. Pourtant, les glucocorticoïdes agissent dans le long terme in vitro et in vivo pour inhiber la formation de l'os, et diminuer la réplication et la différenciation de l'ostéoblaste et diminuer la synthèse de l'IGF_1. Dans l'acromégalie, concernant le métabolisme du calcium et de l'os, il faut noter que la 1,25 (OH)2D à des taux élevés. La 25 OHD a des taux bas et les taux de parathormone et de la calcitonine sont normaux.

L'augmentation des concentrations de 1,25 (OH)2D est la conséquence de la stimulation de l'activité rénale de la 1 alpha hydroxylase. La conséquence est une augmentation de l'absorption du calcium et l'hypercalciurie, les taux sériques de calcium sont normaux à moins d'une hyperthyroïdie coïncidente présente. La réabsorption du phosphate tubulaire accrue par la GH cause une hyperphosphatémie chez approximativement la moitié des patients. Les conséquences métaboliques sont inversées avec l'abaissement des taux sériques de GH vers la normale. La pathogenèse de l'hypercalciurie dans les néphrolithiases peut relever d'une hyperabsorption idiopathique avec plus ou moins un défaut de remodelable squelettique d'une fréquence de 93%, une hyperparathyroïdie dans 3% des cas, une sarcoïdose dans moins de 1% des cas un défaut du transport tubulaire rénal du calcium pour 1 à 2%, ou du phosphore dans moins de 1% des cas (11).

Le dosage de la parathormone dans le plasma montre normalement que la concentration biologiquement active de la PTH circulante dans le plasma est bas, moins de 50 mg/l. Les dosages biologiques assez sensibles pour détecter de tels taux bas incluent les dosages cytochimiques rénaux et plusieurs dosages basés sur la formation de l'AMPcyclique stimulante dans l'os et les cellules rénales. Malheureusement, de tels dosages sont encombrants pour l'utilisation en routine en clinique. La plupart de ces problèmes ont été circonscrits par le développement de dosages immunoradiométriques à site double hautement sensible. Dans de tels dosages, on utilise deux anticorps distincts, un contre la région amine terminale et l'autre contre la région carboxyl terminale. De tels dosages permettent la mesure de l'hormone circulante chez la plupart des individus normaux et sont rarement affectés par l'altération rénale et permettent une discrimination excellente entre l'hypercalcémie de causes médiées par la PTH ou non médiées par la PTH (12). Un chevauchement entre l'hyperparathyroïdie et le sujet normal est discrètement observé dans un travail de référence (13). L'urolithiase survient chez 6 à 12,5% des patients. L'acromégalie est associée à un turn over osseux accru et une densité osseuse accrue. L'ostéoporose ne survient pas en dehors d'un hypogonadisme aussi présent (14). L'hypercalcémie peut survenir en association avec des tumeurs de cellule endocrine pancréatique. L'on a considéré initialement que cet avènement rare était causé par la production de la parathormone par la tumeur pancréatique. Pourtant, chez la plupart des patients hypercalcémiques, le développement de l'hyperparathyroïdie est la conséquence du syndrome de néoplasie endocrinienne multiple de type I. Dans d'autres cas, l'hypercalcémie est causée par la protéine reliée à la parathormone (PTHrP) sécrétée par les tumeurs pancréatiques. Chez de tels patients, les taux de PTHrP sont élevés alors que les taux de parathormone sont supprimés de façon appropriée pour le degré d'hypercalcémie. Chez un patient, l'hypercalcémie et l'élévation de la PTHrP retournent à la normale après la résection d'une large tumeur dans les corps du pancréas. Dans une autre circonstance, la tumeur n'était pas résécable mais l'hypercalcémie et les taux de PTHrP élevés et l'hypercalciurie ont répondu spectaculairement au traitement par la streptozotocine et la 5 Fluoro Uracil. 9 parmi 11 tumeurs des cellules des îlots qui étaient associés à l'hypercalciurie étaient colorées au PTHrP. Les tumeurs pancréatiques sécrétant la PTHrP tendent à être larges, très vasculaires et malignes mais leur présence est compatible avec une longue survie. La PTHrP est exprimée dans les îlots pancréatiques fœtaux et adultes et peut être sécrétée par de nombreuses tumeurs malignes, incluant les cancers pancréatiques même si sa présence dans la circulation du patient ayant une tumeur pancréatique n'est pas diagnostique d'une tumeur endocrine pancréatique. La production de parathormone par une tumeur endocrine pancréatique n'a pas encore était décrite (15). L'hypothèse d'un gastrinome permettrait d'expliquer l'hypercalcémie par PTHrP et la calcinose ainsi que l'ulcère solitaire. En effet, c'est en 1955 que

Zollinger et Ellison ont décrit un syndrome caractérisé par une maladie ulcéreuse peptique sévère, une hypersécrétion gastrique, et la présence d'une tumeur endocrine pancréatique. La disponibilité du dosage radioimmunologique de la gastrine rend le diagnostic de gastrinome plus précis et les tumeurs sont souvent reconnues précocement dans le cours de la maladie. Approximativement, deux tiers des gastrinomes sont sporadiques et le reste est associé à la néoplasie endocrinienne de type I. Les gastrinomes sporadiques tendent à être solitaires et malins et sont communément trouvés dans le triangle de gastrinome (la tête du pancréas, le duodénum et la veine porte hépatique). Les gastrinomes qui surviennent avec le MEN 1 sont habituellement multiples et peuvent ou ne pas être malins. Les métastases sont habituellement trouvées dans le foie et les adénopathies lymphatiques. Le diagnostic doit être considéré chez les patients avec une maladie ulcéreuse sévère ou une diarrhée sécrétoire inexpliquée. Un taux de gastrinome sérique basal plus élevé que 200 ng/l requiert des investigations plus poussées, mais n'est pas spécifique du syndrome de gastrinome parce que la gastrine plasmatique peut aussi être élevée chez les patients ayant une atrophie gastrique et une anémie pernicieuse avec chlorydrie et hyperplasie des cellules à gastrine, l'insuffisance rénale, la sténose pylorique, le syndrome de l'intestin court, la vagotomie antérieure, et l'achlorydrie induite par les inhibiteurs de la pompe à proton. Les taux d'acide gastrique sont élevés chez les patients ayant un gastrinome mais pouvant chevaucher avec les taux des patients ordinaires ayant une maladie ulcéreuse duodénale et des témoins normaux dans certains cas. Près de la moitié des patients ont une sécrétion acide basale à un taux de plus de 15 nmol/h. Une sécrétion d'acide basale égale ou plus élevée que 60 % du pic d'acide sécrété après pentagastrine est suggestive d'un gastrinome mais cette observation est présente chez seulement prés de la moitié des patients ayant gastrinome. Dans l'élévation de gastrine sérique modérée (100 à 1000 ng/l), la sécrétine IV (2 U/kg de poids corporel) devrait être administrée comme test de stimulation chez les patients ayant un gastrinome ; les taux de gastrine sérique augmente de façon prompte en moins de 5 à 10 minutes habituellement jusqu'à 200 ng/ml. Les mesures du taux plasmatique de la progastrine précurseur de la gastrine peut aussi être utile au diagnostic de gastrinome. Les manifestations cliniques incluent la diarrhée et la stéatorrhée. La diarrhée est présente dans un tiers des patients et peut précéder les symptômes d'ulcère peptique. La diarrhée est d'abord causée par les taux élevés de liquide acide entrant dans le jéjunum. Chez un patient étudié, le liquide du jéjunum proximal avait un PH de 1,1 et 15 litres de liquide étaient estimés entrer dans le petit intestin chaque jour à l'état de jeun.

CONCLUSION ET PERSPECTIVES

La suppression de la sécrétion acide gastrique par les inhibiteurs de la pompe à proton abolit la diarrhée. Des taux circulants élevés de gastrinome peuvent jouer un rôle direct mineur dans la pathogenèse de la diarrhée par la réduction de l'absorption d'ion et d'eau par l'intestin. Chez les humains traités par les inhibiteurs de la pompe à proton pour de longues périodes, l'hypergastrinémie est peu prononcée, et il n'y a pas d'hyperplasie de cellule ECL (entérochromaffine-like), ni de tumeurs carcinoïdes même avec une morphométrie soigneuse de la muqueuse gastrique (15).

Les maladies thyroïdiennes auto-immunitaires comprennent un éventail de manifestation qui vont de l »atrophie thyroïdienne avec hypothyroïdie à la maladie de Graves-Basedow avec des manifestations de goitre, d'hyperthyroïdie, d'orbitopathie, et de dermopathie ; mais comprennent aussi le goitre lymphocytaire(maladie d'Hashimoto) avec ou sans hypothyroïdie, les dysthyroïdies auto-immunitaires du post-partum,certaines hyperthyroïdies à fixation iodée basse et pour certains des formes de goitres apparemment simples et des cas d'hypothyroïdie congénitale. En matière d'auto-immunité thyroïdienne, la démarche actuelle est plus descriptive que réellement physiopathologique. Tout progrès de l'auto-immunité fondamentale est immédiatement exploité :les modèles animaux fournissent d'irremplaçables outils de réflexion mais curieusement, ils ne concernent que les formes destructives de l'auto-immunité de la thyroïde. L'une des plus fréquentes est la thyroïdite d'Hashimoto définie comme une thyroïdite lymphocytaire ou goitre lymphocytaire. La structure thyroïdienne est infiltrée de lymphocytes en nappes ou organisés en véritables nodules à centre clair, du type de ceux des ganglions lymphatiques. L'intensité de la fibrose est variable ; elle peut être prédominante (formes fibreuses). Le goitre est de volume variable, souvent irrégulier et de consistance ferme. La fonction thyroïdienne est longtemps normale avant d'évoluer vers l'insuffisance. La survenue de cette anomalie dans l'enfance et l'adolescence n'est pas rare. Elle constitue la forme habituelle de la thyroïdite lymphocytaire à cet âge et la cause la plus commune de goitre en dehors des zones de carence iodée. Nous pensons que notre cas relève de ce dernier type de thyroïdite (16).

Le diagnostic d'acromégalie se fonde sur un morphotype qui n'est réalisé dans la plupart qu'à un âge avancé. Le diagnostic de cancer médullaire de la thyroïde est hypothétique dans notre cas. En dehors d'un dépistage, son diagnostic est fait à un âge tardif comme dans l'un des cas que nous avons diagnostiqués chez un sujet de 60 ans environ. L'acromégalie est rare. Sa prévalence par million d'individus est chiffrée à 40, 69,63 selon les auteurs, avec une incidence annuelle respective de 3 à 4. L'âge d'apparition de la maladie est difficile à préciser tant le début est insidieux et progressif (et l'adénome commence à sécréter quelques mois ou années avant qu'il ne s'exprime cliniquement) : il est de 32,7 ans (de 8 à 62 ans) pour les hommes et de 34,9 ans (de 9 à 64 ans) pour les femmes dans une étude britannique où l'âge moyen du diagnostic est de 42,3 ans pour les hommes, de 43,8 ans pour les femmes, soit un délai diagnostique moyen de 9,2 ans. Elle frappe avec une égale fréquence hommes et femmes (17).

QUATRIEME RUBRIQUE - ADEQUATION PHARMACOLOGIQUE INDICATIVE

REFLEXIONS SUR LA TSH IMMUNORADIOMETRIQUE ET LE TEST A LA TRH DURANT L'HORMONOTHERAPIE THYROIDIENNE OPTIMALE

(Doses optimales et surdosages)

RESUME

Depuis l'introduction des méthodes de dosage de 3ème génération de la TSH, le test à la TRH reste essentiel uniquement dans quelques domaines limités. Cependant, pour ces mêmes auteurs, l'application des tests ultrasensibles en conjonction avec le test à la TRH n'a pas encore été pleinement évaluée comme le remarquent certains auteurs. La cellule thyréotrope a une désiodase puissante et active chez le sujet normal expliquant la forte corrélation entre la T4 et la TSH. Une variabilité interindividuelle de l'activité de cette enzyme désiodase est très concevable compte tenu du polymorphisme génétique. Nous avons étudié prospectivement et déterminé dans une population homogène de patients ayant une hypothyroïdie périphérique traitée, un réel surdosage par une réponse abolie de la TSH immunoradiométrique de première génération, à la TRH et préciser les doses optimales de lévothyroxine (LT4) dans cette hormonothérapie thyroïdienne substitutive.

la TSH à la TRH ont pour limite inférieure un delta TSH de 4 UI/ml; ceci est supérieur au taux inférieur à 1 UI/ml proposé par certains auteurs. Les tests à la TRH comme les autres tests dynamiques de l'antéhypophyse sont utiles pour amplifier les anomalies subtiles. Une réponse déficitaire à une hormone hypothalamique peut être due à une absence ou un dysfonctionnement des cellules pituitaires ou à un feedback négatif augmenté par les hormones périphériques. Un exemple de cette situation est l'absence de réponse de la thyréostimuline à la TRH en cas de thyrotoxicose. En définitive, qu'il s'agisse de l'hypothyroïdie primaire incipiens ou de la thyrotoxicose incipiens, le test à la TRH reste particulièrement indiquée malgré l'existence de la TSH ultra sensible.

La dose par kg de poids corporel chez nos patients se trouve entre celle proposée (1,72 ± 0,36 microg/kg/j) et (2,08 ± 0,58 microg/kg/j) ; les deux séries ayant un âge moyen équivalent à celui de notre série. En revanche, des patients plus âgés ont reçu les doses par poids corporel identique (1,86 ± 0,08 microg/kg/j) chez le patient de plus de 60 ans ; d'autres auteurs ont proposé une dose plus faible (1,60 microg/kg/j) pour un âge moyen de 68 ans.

La dose par m² de surface corporelle permettant une euthyroïdie est de 67,3 ± 14,1 microg/m²/j dans une série, alors qu'elle atteint 72,75 ± 7,5 microg/m² dans notre série ; l'âge moyen étant respectivement de 54 ± 11 et 58 ± 15 ans. Chez nos patients traités par lévothyroxine nous avons constaté que la dose /m²/j reste la mieux corrélée avec le delta TSH. Ce résultat est en accord avec ceux d'autres auteurs. Nous avons remarqué que cette discrimination est moins nette dans le groupe traité par lévothyroxine et trioodothyronine.

Nous n'avons pas observé de modification de la cholestérolémie en comparant les patients dont le delta TSH est inférieur à 4 micro UI/ml avec ceux ayant plus 4 micro UI/ml. Aucun rapport évident n'est observé quand le delta TSH est inférieur à 4 UI/ml ; ce fait atteste que les modifications entraînant l'effondrement du delta TSH ne perturbent pas la cholestérolémie en l'occurrence.

Même si la technique immunoenzymatique que nous avons utilisée est celle de première génération, notre étude garde toute son importance. En effet, notre travail portant sur 52 patients par 92 tests au TRH sous lévothyroxine et association lévothyroxine et triiodothyronine a permis d'évaluer un équilibre hormonal optimal.

Nos critères de réponse de <u>MOTS-CLES</u> : IMMUNO-RADIOMETRIE – THYREOLIBERINE – LEVOTHYROXINE – HYPOTHYROIDIE.

CINQUIEME RUBRIQUE

CONGRUENCE MOLECULAIRE INDUITE

Pour l'ingénierie du récepteur de l'hormone thyroïdienne dans l'obésité

Par la régulation du signal de l'obésité et du cancer dans un

Environnement de maladie chronique

L'évaluation de l'interaction des hormones et des neurotransmetteurs avec leurs récepteurs de surface cellulaire peut conduire à une compréhension des mécanismes moléculaires qui sous-tendent les maladies de l'homme impliquant une résistance ou une super sensibilité à ces agents humoraux et agents pharmacologiques. Des gènes séparés codent pour les sous types de récepteurs de l'hormone thyroïdienne TR alpha (NR1A1) et TR bêta (NR1A2). Les produits de chacun de ceux-ci contribuent à l'action hormonale mais les sous-types diffèrent dans la distribution tissulaire et la réponse physiologique. Les études avec les récepteurs thyroïdiens dans lesquels le résidu spécifique de sous-type est échangé suggèrent que la plupart de la sélectivité de la liaison dérive des différences d'acide aminé. La flexibilité de la région polaire dans le récepteur TR bêta, combiné avec la reconnaissance différentielle du groupe chimique à la position carbone I semble stabiliser le complexe avec GC-1 et contribue à sa bêta sélectivité. Ceci suggère une stratégie pour le développement de composés spécifiques de sous-type impliquant des modifications du ligand à la position I. Les souris hétérozygotes en Sim1 développent l'installation précoce de l'obésité possiblement due à l'hypo-développement de l'hypothalamus. In vivo, plusieurs des gènes montrent une expression hypothalamique neuroendocrine en corrélation avec celui de Sim 1. Plus encore, l'expression de deux de ces potentielles cibles, les gènes de JaK2 et du récepteur bêta de l'hormone thyroïdienne, est perdue dans l'hypothalamus endocrine de mutant en Sim 1. Une sous-unité bêta hormonale glycoprotéique (OGH) appelée aussi GPB5 qui comme un hétéro dimère avec la sous-unité alpha GPA2 sert comme second ligand pour le récepteur de la TSH. Une activation constitutive de bas niveau de l'axe thyroïdien (via OGH ou autre moyen) pourrait apporter une approche thérapeutique bénéfice pour combattre l'obésité induite par le régime. Les récepteurs acides rétinoïdes, des récepteurs de l'hormone thyroïdienne, les récepteurs activés du proliférateur du peroxysome et le récepteur orphan, LXR se lient préférentiellement à l'ADN comme hétéro dimère avec un partenaire commun, le récepteur rétinoïde X, pour réguler la transcription. L'hétéro dimère récepteur rétinoïde X – récepteur gamma activé du proliférateur du peroxysome constitue un complexe de fonction singulière servant comme une cible moléculaire pour le traitement de l'insulinorésistance. L'activation du dimère avec les rétinoïdes pourrait apporter un nouveau traitement efficace dans le diabète de type II. PGC1 alpha est un co-activateur impliqué dans la thermogenèse adaptative, l'oxydation d'acides gras et la gluconéogenèse. PGC1 humain a des isoformes bêta la et 2a localisés dans le noyau cellulaire et spécifiquement l'isoforme PGC1 bêta I a co-activé avec le récepteur gamma activé du proliférateur du peroxysome alpha et le récepteur bêta I de l'hormone thyroïdienne. PGC1 bêta pourrait jouer un rôle dans la biogenèse mitochondriale indépendante du système adrénergique constitutif. L'hormone thyroïdienne régule l'équilibre entre la lipogenèse et la lipolyse. Le phénotype métabolique de la souris mutante P398H est dû en partie aux propriétés uniques du récepteur de P398H mutant interférant avec le signalement du récepteur alpha activité du proliférateur du peroxysome. Le mutant P398H est un potentiel caractéristique du rôle physiologique des interactions du récepteur hormonal thyroïdien / récepteur alpha activé du proliférateur du peroxysome. L'identification d'une mutation du locus tubby (tub) et le gène qui code trois protéines tubby like forment une nouvelle famille de petits gènes qui jouent un rôle important dans le maintien et la fonction des cellules neuronales durant le développement et la post-différenciation. L'expression de l'ARNm et la translocation de la protéine TUB sont régulées par les hormones thyroïdiennes par le signalement du récepteur couplé aux protéines G respectivement suggérant une aide dans la liaison de la fonction cellulaire de TUB aux mécanismes de l'homéostasie énergétique. Les hormones thyroïdiennes régulent la croissance cellulaire, la différenciation cellulaire et les fonctions métaboliques via les interactions des récepteurs nucléaires de l'hormone thyroïdienne. L'agoniste sélectif de TR bêta, GC1 est un fort mitogène pour les hépatocytes et les cellules acinaires pancréatiques suggérant que le récepteur TR bêta constitue le médiateur de l'activité mitogène de l'hormone thyroïdienne et d'autres thyromimétiques. Les protéines G et les récepteurs couplés aux protéines G font la médiation des effets de nombreuses hormones. L'étude des mutations dans les protéines G et leurs récepteurs couplés ont des implications majeures pour la compréhension de la base moléculaire de maladies endocriniennes rares aussi bien que la susceptibilité à des affections multifactorielles qui sont associées au polymorphisme dans ces gènes. Les affections causant les mutations de récepteurs couplés aux protéines G ont été identifiées chez les patients ayant des affections variées des axes thyro-pituitaires, gonado-pituitaires et adréno-pituitaires et d'autres affections avec des anomalies de la prise alimentaire, l'équilibre hydrique et de turnover ionique minéral.

REFERENCES BIBLIOGRAPHIQUES

REFERENCES

1 - GARNIER M., DELAMARE V., DELAMARE J., DELAMARE T.
Dictionnaire des termes de médecine, 27ème édition, Maloine, Paris, 2002, 1001 p.

2 - TOURE Y.I., SIDIBE E.H., M.L. DIOUF, B.A. DIAGNE, B. DIOP
Hypercalcémie, acidose tubulaire rénale, ulcère du bulbe duodénal et lithiases vésiculo-urinaires chez un hypothyroïdien.
Communication Séance du 6 avril 1987, Dakar Médical, 1987, 1.2.3.4, 32 p., 24/28.
Sem. Hôp. Paris, 1988, 64, n° 2, 125-127.

3 - VALENSI P.
Hypoparathyroïdie.

Editions Techniques – Encycl. Med. Chir. (Paris-France). Endocrinologie – Nutrition, 10-012 – A-10. 1993, 7 p.

4 - DUBOIS P.M.
L'ontogenèse des hormones.
Encycl. Med. Chir. (Paris-France). Glandes Endocrines, 100001, A^{05} 10-1985, 10 p.

5 - PAGES A.
Le système endocrinien diffus.
Encycl. Méd. Chir. (Paris, France), Glandes Nutrition, 10001 L^{10}, 2 – 1986, 4 p.

6 - BAUMERT T., KLEBER G., SCHWARTZ J., STABLER A., LAMERZ R., MANN K.
Reversible hyperkinesias in a patient with autoimmune polyglandular syndrome type I.
Clin. Investig., 1993, 71 : 924-927.

7 - OHGA S., MATSUMOTO N., TAKADA H., NOMURA A., MATSUDA T., HARA T.
Progressive vascular calcification in autoimmune polyglandular syndrome type I.
Pediatr. Radiol., 2001, 31 : 213-214.

8 - LUCAYA J., GAREL L., PIQUERAS J.
Clinical quiz thoracic aortic calcification.
Pediatr. Radiol., 2003, 33 : 737-738.

9 - PRIER A.
Hypercalcémies non hyperparathyroïdiennes.
Editions Techniques – Encycl. Med. Chir. (Paris-France). Endocrinologie – Nutrition, 10012 C^{10}, 1991.

10 - RAISZ L.G., KREAM B.E., LORENZO J.A.
Metabolic bone disease.
In Williams Text Book of Endocrinology. Wilson J.D., Foster D.W., Kronenberg H.M., LARSEN P.R. (Editors), W.B. Saunders Company, 9th Edition, Philadelphia, 1998, pp. 1211-1239.

11 - HRUSKA K.
Renal calculi.
In Cecil Text Book of Medicine, BENNETT J.C., PLUM F., (Editors), W.B. SAUNDERS Company, Philadelphia, 20th Edition, 1996, vol. 1, pp. 613-617

12 - SPIEGEL A.M.
The parathyroid glands, hypercalcemia and hypocalcemia.
In Cecil Text Book of Medicine. BENNETT J.C., PLUM F. (Editors), W.B. SAUNDERS Company, Philadelphia, 20th Edition, 1996, vol. 2, pp. 1365-1373.

13 - ENDRES D.B., VILLANUEVA R., SHARP C.F. Jr. et al.
Measurement of pathyroid hormone.
Endocrinol. Metab. Clin. North Am., 1989, 18 : 611.

14 - THORNER M.O., VANCE M.L., LAWS E.R Jr.., HORVATH E., KOVACS K.
The anterior pituitary.
In Williams Text Book of Endocrinology. Wilson J.D., Foster D.W., Kronenberg H.M., LARSEN P.R. (Editors), W.B. Saunders Company, 9th Edition, Philadelphia, 1998, pp. 249-340.

15 - KREJS G.J.
Non insulin secreting tumors of the gastroenteropancreatic system.
In Williams Text Book of Endocrinology. Wilson J.D., Foster D.W., Kronenberg H.M., LARSEN P.R. (Editors), W.B. Saunders Company, 9th Edition, Philadelphia, 1998, pp. 1663-1673.

16 - ORGIAZZI J., THIVOLET C., MADEC A.M.
Auto-immunité et thyroïde.
Editions techniques – Encycl. Méd. Chir. (Paris France), Endocrinologie – Nutrition 10002 G^{10} 1991, 10 p.

17 - WARNET A.
Acromégalie.
Editions techniques – Encycl. Méd. Chir. (Paris France), Endocrinologie – Nutrition 10-018-A-10, 1993, 8 p.

TABLE DES MATIERES

Préface .... page 2
PREMIERE RUBRIQUE
IMMUNO-PATHOGENESE CELLULAIRE ....page 5
PREMIERE PARTIE – HEURISTIQUE
CASIUSTIQUE : CONTRIBUTION A LA THYROIDOLOGIE GENERALE
Thyroïdite auto-immune atrophique et hypothyroïdie primaire.

Réflexions sur l'immuno-endocrino-pathogenèse cellulo-moléculaire....................................page 7

DEUXIEME PARTIE : SYMBOLIQUE

ONOMATOPEE DES CASCADES MOLECULAIRES REGULATRICES

OU LES BOUCLES DE FEED-BACK DU SIGNAL DANS LE METABOLISME

MOLECULAIRE DES PEPTIDES REGULATEURS...page 21

TROISIEME PARTIE : SYNTHESE

OPUSCULE DE SYNTHESE :

CONTRIBUTION A LA THYROIDOLOGIE GENERALE

LA GLANDE THYROIDE ET SES PEPTIDES OU

LA REALITE DE L'ENDOCRINOLOGIE GENERALE .... page 43

DEUXIEME RUBRIQUE

SEMIOLOGIE CLINIQUE ANALYTIQUE ....page 48

TROISIEME RUBRIQUE - SYNTHESE BIOCLINIQUE..page 75

QUATRIEME RUBRIQUE - ADEQUATION PHARMACOLOGIQUE INDICATIVE
REFLEXIONS SUR LA TSH IMMUNORADIOMETRIQUE ET LE TEST A LA TRHDURANT
L'HORMONOTHERAPIE THYROIDIENNE OPTIMALE (Doses optimales et surdosages)........................page 81
CINQUIEME RUBRIQUE
CONGRUENCE MOLECULAIRE INDUITE
Pour l'ingénierie du récepteur de l'hormone thyroïdienne dans l'obésité
Par la régulation du signal de l'obésité et du cancer dans un
Environnement de maladie chronique ....page 83
REFERENCES BIBLIOGRAPHIQUES...page 84-85

Printed by Books on Demand GmbH, Norderstedt / Germany